MARIE MANNSCHATZ

Buddhas Anleitung
zum Glücklichsein

Fünf Weisheiten, die Ihren
Alltag verändern

Inhalt

Begeisterung
wecken

Das
Gleichgewicht
wahren

Akzeptanz
und Mitgefühl
entwickeln

Zum Nachschlagen

1

2

3

4

5

» Wenn man **alles**, was einem **begegnet**, als **Möglichkeit** zu innerem **Wachstum** ansieht, gewinnt man innere **Stärke**. «

[Milarepa | *tibetischer Meditationsmeister (1052–1135)*]

Vorwort

Vorwort

Glücklich sein – wer möchte das nicht? Doch liegt es überhaupt in unserer Macht, unser Leben zu verändern? Bestimmen nicht Schicksal, Veranlagung und Kindheit den Lebensweg?

Mit der Lehre von den Fünf Hindernissen, die uns ständig unbewusst beeinträchtigen, legt Buddha uns ganz **persönlich die Verantwortung ans Herz**. Jeder kann – nicht von heute auf morgen, aber Schritt für Schritt – die Fünf Hindernisse auflösen und sein Leben verwandeln.

In den vergangenen dreißig Jahren habe ich die **befreiende Kraft buddhistischer Praxis** in meinem eigenen Leben erfahren. Deshalb möchte ich Ihnen in diesem Buch zeigen, wie die Fünf Hindernisse auf uns wirken und wie Sie durch Meditation und Achtsamkeitsübungen Ihren Alltag zunehmend freier und unbeschwerter gestalten können.

Marie Mannschatz

Zauberkraft
Achtsamkeit

→ Wir alle haben mehr oder weniger stark ausgeprägte Gewohnheiten, die uns daran hindern, das Beste aus unserem Leben zu machen: Zweifel, Unruhe, Trägheit, Verlangen und Widerwille. Buddha nennt diese Gewohnheiten die »Fünf Hindernisse«. Er zeigt uns, wie diese Hindernisse im Alltag auf uns einwirken und wie wir sie auflösen können. Das wichtigste Instrument, um die Fünf Hindernisse zu erkennen, ist Achtsamkeit.

Buddha
ermuntert zum
Aufbruch

Vor mehr als zweitausend Jahren ließ ein Königssohn Familie und Palast hinter sich, um als Wandermönch die Geheimnisse des Lebens zu ergründen. Er wollte den Menschen zeigen, was zu allen Zeiten und in allen Kulturen Glück und Unglück bedingt. Über fünfzig Jahre lang lehrte er als Wanderprediger. Den Namen Buddha (= der Erwachte) erhielt der Prinz erst, nachdem die Antworten, die er fand, von Tausenden von Zuhörern diskutiert und überprüft worden waren. Auch in der heutigen Zeit hat seine Lehre nichts von ihrer Aktualität verloren. Dank Buddhas Anregungen können wir lernen, unsere Aufmerksamkeit so zu schulen, dass sie Herz und Geist durchdringt. Dadurch wird es uns möglich, unsere persönliche Lebens- und Leidensgeschichte zu verstehen und loszulassen. Wenn wir uns mit Buddha auf den Weg machen, werden wir freier und zufriedener leben.

Fünf alte Gewohnheiten erkennen und loslassen

Buddha beschreibt fünf geistige Gewohnheiten, die Fünf Hindernisse, die unsere Wahrnehmung trüben. Diese Fünf Hindernisse heißen: Zweifel, Unruhe, Trägheit, Verlangen und Widerwille. Sie verschleiern Herz und Geist so sehr, dass wir unter ihrem Einfluss nur eingeschränkt denken und handeln können. In ihrem Kern bestehen die Fünf Hindernisse aus Begehren und Widerstand. Sie lassen sich gut mit dem Wetter vergleichen, das uns daran hindert, eine Aufgabe zu erledigen, die wir uns vorgenommen haben. Der Zweifel etwa ist wie

Aprilwetter, mal regnet es, mal scheint die Sonne, man kann sich auf nichts verlassen. Die Unruhe entspricht Winden aus wechselnden Richtungen. Die Trägheit legt sich wie dichter Nebel auf einen. Widerwille braust gleichsam dahin wie ein Gewittersturm. Das Begehren dagegen ist wie ein himmlischer Sommertag, an dem wir einfach nicht arbeiten mögen.

Doch Hindernisse ziehen ebenso vorüber wie das Wetter. Manchmal tauchen gleich mehrere Hindernisse auf einmal auf, manchmal ist nur eines vorhanden. Natürlich wird jede Beschreibung der Hindernisse immer etwas idealtypisch erscheinen. In Wirklichkeit lassen sie sich nicht klar voneinander abgrenzen, sie vermischen sich und beeinflussen sich gegenseitig. Die meisten von uns nehmen sie gar nicht wahr, denn sie legen sich ganz unterschwellig über all unsere Wahrnehmungen. Erst wenn wir uns mit Buddhas Lehren auseinandersetzen, erkennen wir, wie die Hindernisse auf unseren Geist wirken.

Buddha lehrt, dass es zahlreiche Gründe gibt, sich vom Einfluss der Hindernisse zu befreien. Je mehr wir aus unseren Kinderschuhen herauswachsen, desto mehr sollten wir unser Leben selbst in die Hand nehmen und die VERANTWORTUNG für unser Handeln übernehmen.

Genauso wenig wie der Baum verantwortlich ist für den Wind, der ihn schüttelt, sind wir auch nicht verantwortlich für das Hindernis, von dem unser Geist geplagt wird. Unsere Verantwortung besteht jedoch darin, wie wir mit dem Hindernis umgehen, welche Reaktion wir daraufhin zeigen. Widerwille und Verlangen begleiten uns durch unser ganzes Leben. Doch ob wir uns diesen Triebkräften ausliefern

> **Wege entstehen dadurch, dass man sie geht.**
>
> [Franz Kafka | *deutscher Schriftsteller (1883–1924)*]

oder nicht, das können wir selbst bestimmen. Um unsere Lebensziele
zu erreichen, benötigen wir Fähigkeiten, die uns erlauben, aus Fehlern
zu lernen und Herausforderungen auf bestmögliche Weise zu begegnen. Da unser LEBENSGLÜCK in unseren eigenen Händen liegt, ist
es wichtig zu ergründen, welches Verhalten uns glücklich stimmt und
welche Erfahrungen uns unglücklich machen. Daraus ergeben sich
Prioritäten für unser alltägliches Handeln.

Dieses Buch möchte Sie darin unterstützen, eine klare Ausrichtung in
Ihrem Leben zu entwickeln. Sie werden die Fünf Hindernisse zunächst
kennenlernen und dann üben, wie Sie die Hindernisse durch gesunde
Gegengewichte ausgleichen und mehr und mehr loslassen können.

Destillierte Aufmerksamkeit

Um zu bestimmen, was in unserem Leben Vorrang haben soll, brauchen wir Klarheit und Achtsamkeit. Buddha lehrt, dass Aufmerksamkeit der Stoff ist, aus dem unser Geist besteht. Und dieser Stoff hat
ganz spezielle Eigenschaften: Er kann sich selbst ernähren und ver-
mehren, und er kann sich auch selbst erkennen. Stellen Sie sich vor,
Sie könnten sich selbst mit eigenen Augen sehen. Das ist gleichbedeu-
tend mit der Möglichkeit, dass Aufmerksamkeit sich selbst mit Aufmerksamkeit betrachtet. Erkennt Ihre Aufmerksamkeit, dass Sie tatsächlich aufmerksam sind, dann wird diese erhöhte Form von
Aufmerksamkeit als Achtsamkeit bezeichnet.

Achtsamkeit ist somit eine Aufmerksamkeit, die weiß, dass sie jetzt gerade
aufmerksam ist, und sie kann auch sagen, was sie gerade in diesem
Moment mit Aufmerksamkeit erkennt. Ein Beispiel: Ich lese diese Zei-
len. Ich weiß, dass ich lese und dabei im Sofa versinke, Kaffeeduft
zieht mir in die Nase, ich komme darüber ins Sinnieren und schweife
ab. Das bemerke ich und kehre aufmerksam zum Text zurück. Ich
klopfe mir anerkennend auf die Schulter, weil es mir gelungen ist,

nicht länger als zwei Minuten abzuschweifen. Nun überlege ich, welche enormen Kräfte in unserem Geist freigesetzt werden würden, wenn wir alle immer hundertprozentig achtsam wären. Und ich stelle fest, dass ich schon wieder mechanisch über die Buchstabenreihen schweife, anstatt mich auf das zu konzentrieren, was direkt vor mir liegt. So kommt und geht achtsames Wahrnehmen, verdichtet sich und verliert sich wieder. Es ist ein beständiger Impuls nötig, hier und jetzt mit allen Sinnen anwesend zu sein.

Achtsamkeit täglich üben

Mir entfährt noch heute ein lauter Stoßseufzer, wenn ich mich an eine Unachtsamkeit erinnere, die schon zwanzig Jahre zurückliegt. Andrew, ein Freund aus New York, war bei mir zu Besuch. Er ist Reiseschriftsteller und tippte gerade eifrig auf einem der ersten Laptops, das ich je gesehen hatte, während ich eine kleine Bügelaktion vorbereitete. Um das Bügeleisen aufzuheizen, zog ich den Stecker seines Laptops raus. Im gleichen Augenblick stieß Andrew einen lauten Schrei aus! Mit der von mir ausgelösten Stromunterbrechung hatten sich seine Texte in Luft aufgelöst. Die Arbeit einer ganzen Stunde verpuffte im Bruchteil einer Sekunde. Es war mir so peinlich! »Warum hast du mich nicht vorher gefragt?«, stöhnte Andrew. Ich hatte einfach nicht nachgedacht. Achtsamkeit schrieb ich damals noch mit kleineren Buchstaben. Doch diese Episode ist mir so sehr in die Glieder gefahren, dass sie ab und zu an völlig unvermuteter Stelle auftaucht und mich daran erinnert, mich täglich neu in Achtsamkeit zu üben.

Wenn wir uns kontinuierlich darum bemühen, kann die ACHTSAMKEIT WACHSEN – ähnlich wie ein Muskel, den wir regelmäßig trainieren. Deshalb ist es wichtig, dass Sie sich feste, ungestörte Zeiten – vielleicht eine halbe oder eine Stunde am Tag – für die Beschäftigung mit diesem Buch und den darin enthaltenen Übungsaufgaben reservieren.

Sie wollen ja nicht nur lesen, sondern auch in sich hineinhorchen und sich Notizen machen, Sie möchten still sitzen und Ihren Atem spüren – das braucht alles seine Zeit. Machen Sie es sich zur lieben Gewohnheit, bei einer Tasse Tee oder Kaffee diese Anleitungen, die auf Buddhas überlieferten Lehren basieren, in meditativer Muße kennenzulernen.

> Wenn du das **Geheimnis** des Buddhismus **wissen** möchtest, hier ist es: Alle Dinge sind im **Herzen.**
>
> [Ryokan | *japanischer Zen-Meister (18. Jahrhundert)*]

Ich empfehle Ihnen, sich ein Übungsheft anzuschaffen, in dem Sie sich regelmäßig Notizen machen: zu den Übungen, den Meditationen und den Vorschlägen, die Sie jeweils am Ende der einzelnen Kapitel finden. Kaufen Sie ein Heft, das Sie zum Schreiben inspiriert, mit oder ohne Linien, dick genug, sodass für alle Übungen Platz ist. Das Aufschreiben hilft Ihnen, innere Prozesse zu erfassen. Sobald Sie Erfahrungen in Worten ausdrücken können, stehen sie Ihnen unmittelbarer zur Verfügung. Sie lernen dadurch schneller und intensiver und können Fortschritte auf Ihrem Weg erkennen. Durch Ihre PERSÖNLICHE VERÄNDERUNG werden auch Ihre Beziehungen positiv beeinflusst. Ihr ganzes Leben gewinnt an Farbigkeit und Lebendigkeit, wenn Sie kontinuierlich und mit persönlichem Einsatz Buddhas Anleitungen in Ihrem Alltag umsetzen. Da Achtsamkeit die entscheidende Fähigkeit auf Ihrem Weg hin zu Veränderungen ist, stelle ich Ihnen nun die erste Übung vor, die Ihre Achtsamkeit schult. Sie lässt sich überall und jederzeit durchführen.

Tägliche Achtsamkeit

Widmen Sie die ersten Minuten nach dem Aufwachen und die letzten Minuten vor dem Einschlafen der folgenden Achtsamkeitsübung.

→ Bevor Sie morgens aus dem Bett steigen, bleiben Sie einige Minuten ganz ruhig mit offenen Augen liegen und rufen Sie sich ins Bewusstsein: »Ich bin wach, ich liege noch, spüre meinen Körper, nehme mir vor, mich heute immer wieder daran zu erinnern, mit Achtsamkeit allen Erfahrungen zu begegnen.«

→ Oder Sie setzen sich auf die Bettkante, spüren die aufrechte Haltung Ihres Körpers, horchen in sich hinein und lassen die ersten Gedanken heraufziehen. Gedanken an den neuen Tag, vielleicht auch Nachklänge von Träumen der vergangenen Nacht. Wie sieht es in diesem Moment in Ihrem Körper und Geist aus, welche Gefühle herrschen vor? Nehmen Sie alle Wahrnehmungen nur zur Kenntnis, ohne etwas ändern zu wollen, stellen Sie mit liebevoller Akzeptanz fest: So ist es jetzt.

→ Gehen Sie mit Achtsamkeit durch den Tag. Halten Sie von Zeit zu Zeit inne, erinnern Sie sich daran, den gegenwärtigen Moment bewusst wahrzunehmen, und versuchen Sie, die eigene Erfahrung innerlich in Worte zu fassen. Mit jeder Erfahrung, die Sie machen, verbindet sich ein Gefühl, eine Empfindung im Körper. Sie steigen Treppen hoch und empfinden eine Last auf Ihren Schultern. Sie öffnen eine Tür, und Ihr Herz hüpft vor Freude. Je genauer Sie diese Eindrücke registrieren, umso besser können Sie künftig mit Ihren Gefühlen umgehen.

→ Vor dem Einschlafen rufen Sie sich ins Bewusstsein, mit wie viel Achtsamkeit Sie tagsüber da sein konnten, in welchem Moment Sie gerne achtsamer gewesen wären und wo Sie wirklich einverstanden waren mit Ihrem eigenen Verhalten. Wie waren die Körperempfindungen, die Gefühle und Gedanken in diesem Moment?

→ Versuchen Sie, drei Minuten am Morgen, drei Minuten am Abend und – für den Anfang – dreimal eine Minute am Tag ganz achtsam zu sein.

Mit Achtsamkeit aus Erfahrung lernen

Bald werden Sie herausfinden: Achtsamkeit ist eine faszinierende Kraft. Mit ihrer Hilfe wird es Ihnen immer öfter gelingen, aus Erfahrungen, die Sie im Laufe Ihres Lebens machen, bewusste Schlüsse zu ziehen, und es wird Ihnen nach und nach immer leichter fallen, ungünstiges Verhalten abzulegen. Denn aus Achtsamkeit entsteht die KRAFT FÜR VERÄNDERUNG. Haben Sie sich schon einmal gefragt, wie oft Sie gegen Ihre eigenen Interessen handeln, wenn Sie sich nach zu wenig Schlaf mühsam durch den Tag schleppen? Wie oft haben Sie sich schon geschworen, beim nächsten Mal lieber früher nach Hause zu gehen? Wenn zwei Bedürfnisse in uns miteinander ringen, sollten wir uns ausmalen, mit welchen Konsequenzen wir im einen oder anderen Fall rechnen müssen. Das heißt nicht, dass es prinzipiell schlecht ist, abends spät ins Bett zu gehen. Aber wir sollten, da wir die Konsequenzen kennen, eine bewusste Entscheidung dafür oder dagegen treffen – und zwar mit wachen Sinnen. Wenn ich jemanden mit meinen Worten verletze und hinterher gar nicht mehr genau weiß, was ich eigentlich gesagt habe, ist es schwierig, die Situation zu klären. Auch im Gespräch mit anderen ist Aufmerksamkeit notwendig.

Gewohnheiten prägen unser Leben. Es kostet viel Kraft, sie zu verändern. Wer sich vornimmt, sich anders zu ernähren, mehr Sport zu treiben oder nicht jeden Abend vor dem Fernseher zu sitzen, weiß, von welchen Anstrengungen ich rede. Je aufmerksamer wir solche eingeschliffenen Verhaltensmuster im Alltag ergründen, desto deutlicher erkennen wir, welche Macht sie über uns haben. Deshalb lehrt der Buddhismus, den Wunsch nach Veränderung auf zwei Säulen zu gründen: Tiefes Verstehen und achtsames Wahrnehmen stehen am Anfang des buddhistischen Weges. Wirkliches Verständnis erlangen wir nur dadurch, dass wir mit Achtsamkeit aus unseren eigenen Erfahrungen lernen.

Die Macht
des Geistes

Buddha sagt, unser ganzes Leben ist die Schöpfung unseres Geistes. Alles, was wir erleben, wissen und tun, entspringt der Geistestätigkeit. Auch wenn Geist und Körper nicht ohne einander existieren können, so hat der Geist doch die lenkende Funktion. Er verarbeitet die Eindrücke, die durch die Sinne auf der körperlichen Ebene gewonnen werden, und formt daraus Merkmale, die wir wiedererkennen und mit bestimmten Vorstellungen verknüpfen. So wissen Sie etwa dank der Hilfe des Geistes, wenn Sie ein bestimmtes Geräusch hören: »Das ist die Stimme meines Bruders Max.« Der Geist interpretiert aufgrund des Klangs seiner Stimme seine Gesichtszüge: Max ist jetzt glücklich. Auch Jahre nach seinem Tod können Sie ihn noch vor dem inneren Auge sehen und von ihm träumen.

Obwohl wir den Geist nicht sehen, nicht anfassen und nicht räumlich zuordnen können, haben wir die Möglichkeit, ihn zu erfahren und zu beschreiben. Das Auge nimmt beispielsweise Lichtreize auf, und der Geist vereint diese zu einem vollständigen Bild. Egal, ob es sich um die Tätigkeit unseres Gehirns oder des Nervensystems, um Wissen und Wahrnehmung, um Gefühle, Erinnerungen oder Gedanken handelt – unser gesamtes nichtstoffliches Erleben geschieht im geistigen Raum. Viele Menschen betrachten ihren Geist daher auch als »Ich«. Doch in der buddhistischen Psychologie ist die ICH-VORSTELLUNG nur ein Bruchteil der Vorgänge, die im Geist in ungeheurer Geschwindigkeit und Dichte ablaufen. Je genauer wir das erkennen, umso mehr wird deutlich: Es gibt keine abgegrenzte Ich-Einheit, mit der wir uns identifizieren können und die es zu verteidigen gilt. Das Ich ist eine Konstruktion des Denkens – in vielen Situationen hilfreich und nötig, aber nichts, das überlebt, wenn Körper und Geist zerfallen.

Im Buddhismus heißt es, dass unsere geistige Verfassung unser Dasein bestimmt. Ein glücklicher Geist bewirkt glückliche Lebenserfahrungen, ein unglücklicher Geist bewirkt unglückliche. Ganz gleich, wie die tatsächlichen Lebensumstände sind, es ist eine Frage unserer Interpretation, wie wir sie erleben. Leuchtet im Geist Licht, erscheint die Welt hell; ist der Geist verdunkelt, sieht auch das Leben düster aus. Oft sind wir uns unserer eigenen Geistesverfassung jedoch gar nicht bewusst.

Gebt jedem **Problem,** jeder Erfahrung
einen einfachen **Namen.**
Benennt den Geist, der mit **Freude** gefüllt ist,
und den Geist, der mit **Ärger** erfüllt ist,
benennt das **Auftauchen** und
das **Entschwinden** von Erfahrungen.
So wird euer **Verständnis**
auf natürliche Weise **wachsen.**

[Buddha]

Achtsamkeit – im Hier und Jetzt

Alle körperlichen Empfindungen existieren nur in der Gegenwart, alle Regungen im Geist ebenso. Im Voraus zu fühlen ist uns nicht möglich, auch nicht im Nachhinein. Sie spüren nur jetzt, in diesem Moment, in Ihrem Körper, dass Sie am Leben sind. Das sprudelnde Leben gibt es nur im Hier und Jetzt, nicht in der Vergangenheit, nicht in der Zukunft. Es ist bemerkenswert, dass wir alle ohne Probleme achtsam sein können, wenn wir uns nur regelmäßig daran erinnern und es nicht ständig wieder vergessen. In der Achtsamkeitsübung auf Seite 13 habe ich schon erwähnt, dass Sie tagsüber immer wieder auf sich selbst zurückkommen sollten. Die große Aufgabe bei der Achtsamkeitsübung besteht darin, sich immer und immer wieder ins Gedächtnis zu rufen: Du wolltest doch achtsam sein! Achtsamkeit ermöglicht es, alle Erfahrungen, Gedanken, Gefühle und Körperempfindungen erst einmal nur zu registrieren, ganz bewusst, jedoch ohne diese zu bewerten. Ihr Leben gewinnt an INTENSITÄT dadurch, dass Sie in jedem Augenblick ganz gegenwärtig sind. Unachtsames Leben dagegen findet in unbewussten Reaktionsketten statt, wirkt unbeweglich und unflexibel. Da ist beispielsweise die Verkäuferin, die in Gedanken ganz woanders weilt und den Kohlkopf auf die Weintrauben in Ihrer Einkaufstüte legt. Sie gibt Ihnen die falsche Summe Wechselgeld und sagt: »Das war keine Absicht«, und Sie glauben ihr das und ärgern sich trotzdem. Wie unangenehm ist auch der Nachbar, der bei jeder Gelegenheit denselben Spruch über berufstätige Rabenmütter klopft und gar nicht merkt, wie unglücklich seine Frau mit ihrer Rolle als Hausfrau ist.

Der Achtsamkeitswecker

Da es uns allen schwerfällt, uns an achtsames Wahrnehmen zu erinnern, ist es hilfreich, ein häufig wiederkehrendes Ereignis in unserem Alltag als »Achtsamkeitswecker« zu nutzen, der uns sagt: »Dieses kleine Zeichen erinnert dich an deinen Wunsch, achtsam zu sein – spüre jetzt genau, was du alles wahrnehmen kannst.« Solch ein Zeichen kann zum Beispiel jedes Telefonklingeln sein oder das Läuten der Haustür oder die rote Ampel, an der wir warten müssen. Im Büro ist ein Bildschirmschoner mit einem aufmunternden Zitat hilfreich, das in die Gegenwart zurückruft. Zu Hause kleben Sie sich am besten einen Spruch in Augenhöhe innen an die Haustür, damit Sie vor dem Verlassen Ihrer Wohnung noch einmal an die Achtsamkeitsübung von Seite 13 erinnert werden.

Wie Sie Achtsamkeit vertiefen können

1. Geben Sie achtsamer Wahrnehmung Priorität in Ihrem Alltag. Erinnern Sie sich so oft wie möglich daran, in Körper, Herz und Geist hineinzuspüren.

2. Installieren Sie einen Achtsamkeitswecker: Definieren Sie ein wiederkehrendes Ereignis im Tagesablauf als Erinnerungszeichen für Ihre achtsame Wahrnehmung.

3. Nehmen Sie Veränderungen in der Körperhaltung bewusst wahr: Ich liege, ich sitze, ich stehe, ich gehe – und ich bin mir dessen bewusst.

4. Gehen Sie mehrere Minuten täglich ganz und gar achtsam und mit wachen Sinnen durch Ihren Alltag. Machen Sie sich wiederholt innerlich Notizen, welche Sinneseindrücke Sie im gegenwärtigen Moment erleben: Jetzt sehe, höre, rieche ich...

5. Achten Sie darauf, ob und wie Sie Ihre Erfahrungen bewerten. »Das finde ich richtig« – »Das kann ich nicht leiden« – »Zum Glück hat das keiner gesehen« und so fort.

6. Genießen Sie Aufgaben, bei denen Sie Ihre Achtsamkeit üben können, wie etwa alle Arbeiten in Haus und Garten, bei denen Sie das Tempo bestimmen und Ihre Hände und Füße intensiv spüren können.

7. Suchen Sie bewusst den Umgang mit achtsamen Menschen.

Achtsamkeit bewirkt Akzeptanz

Wenn Sie achtsam sind, nehmen Sie all Ihr Erleben erst einmal wohlwollend wahr. Sie akzeptieren die Dinge mehr und mehr, so wie sie sind. Sie spüren, wie Regungen im Körper und Gefühle gleichzeitig auftreten. Ohne sogleich darauf zu reagieren, stellen Sie in einer für Sie brenzligen Situation fest: »In meinem Körper spüre ich eine Spannung im Solarplexus-Bereich. Mein Herz scheint ein wenig schneller

zu schlagen. Ich habe einen leichten Schweißausbruch und denke mir:
›Jetzt muss ich aber gut aufpassen.‹« Achtsamkeit erlaubt Ihnen, an-
erkennend Raum um das Erlebte zu lassen. Sie nehmen alles, was Sie
erfahren, einfach nur zur Kenntnis und lassen sich Zeit, die inneren
Stimmen miteinander in Einklang zu bringen. Eine Stimme sagt vielleicht: »Du hast Angst, das ist doch nicht schlimm.« Eine andere
Stimme sagt: »Stell dich nicht so an, was sollen die anderen Leute von
dir denken.« Eine dritte Stimme meint: »Schäm dich – aus diesem
Alter solltest du nun wirklich heraus sein, in solchen Situationen noch
Angst zu haben.« Es kann gut sein, dass Sie es am Anfang als unangenehm empfinden, diese verschiedenen Stimmen zu hören. Versuchen
Sie deshalb, sich für Ihre INNEREN DIALOGE zu interessieren, sie
wie ein inneres Theaterstück wahrzunehmen, mit dem Sie sich nicht
zu identifizieren brauchen, das Sie auch nicht beurteilen. Keine dieser
inneren Stimmen ist falsch oder richtig. Jede entspringt verschiedenen
Aspekten Ihres Selbst, die noch nicht in Übereinstimmung sind. Deshalb tut es gut, alles zur Kenntnis zu nehmen und sich Zeit zu lassen.
Achtsamkeit hilft Ihnen, Ihre gegenwärtige Erfahrung zu akzeptieren,
ohne sie gleich abweisen oder festhalten zu wollen. Diese Art des An-
nehmens umschreibe ich häufig mit »Raum geben«. In den folgenden
Kapiteln weise ich Sie immer wieder darauf hin.

Anfangs mag Ihnen das schwierig, ja unerreichbar erscheinen. Doch je
mehr Sie sich auf die Achtsamkeitsübung einlassen, so wie in den
beiden letzten Kästen auf den Seiten 13 und 18 beschrieben, umso
offensichtlicher werden Ihre Fortschritte sein. Lassen Sie sich nicht
entmutigen, wenn Sie in der ersten Zeit hauptsächlich sehen, was
alles *nicht* klappt. Sie finden sich selbst und Ihr Umfeld vielleicht
schrecklich unaufmerksam? Gut so! Diese BEOBACHTUNG ist
schon Ausdruck Ihrer gesteigerten Achtsamkeit. Sie würden ja die
Unaufmerksamkeit gar nicht wahrnehmen, wenn Sie nicht genauer
hinschauen würden.

Achtsamkeit fördert Ruhe und Konzentration

In unserem Alltag rennen wir von einem Ereignis zum nächsten. Unsere Gedanken schwirren dabei immer woanders herum und sind nicht dort, wo wir gerade sind. Wir fahren gedankenverloren Auto und erinnern uns nicht einmal mehr, wie wir von A nach B gekommen sind. So ist es nicht verwunderlich, dass die meisten Unfälle wohl aus Geistesabwesenheit passieren. Eine Schweizer Versicherung hat einmal Zitate aus Unfallberichten gesammelt. Da heißt es zum Beispiel: »Beim Heimkommen fuhr ich versehentlich in eine falsche Grundstücksauffahrt und rammte einen Baum, der bei mir dort nicht steht.« Oder: »Da sich der Fußgänger nicht entscheiden konnte, nach welcher Seite er rennen sollte, fuhr ich obendrüber.«

Wie oft fragen wir uns mit einem Stoßseufzer: »Wo soll ich nur anfangen, um alles zu schaffen, was ich mir vorgenommen habe?« Die Wohnung putzen, bügeln, kochen, Anrufe erledigen, für die Kinder sorgen, zum Arzt gehen und so fort. Dabei sind wir von tausend Gedanken erfüllt und von Gefühlen geplagt, die in schnellem Wechsel durch uns hindurchziehen. Aus Freude wird Langeweile, daraus Ärger, dann wieder Hoffnung, Sehnsucht, sogar Furcht. Die Aufgabe, jeden Moment achtsam zu erleben und innerlich zu benennen, was in Körper und Geist an Sinneserfahrungen abläuft, kann uns helfen, den Wirrwarr im Alltag zu entknoten und Prioritäten zu setzen. Wenn wir unseren Geist auf den gegenwärtigen Moment ausrichten, lernen wir, uns zu konzentrieren.

»Achtsamkeit strebt **nichts** an.

Sie sieht einfach, was bereits **da** ist.«

[Mahathera Gunaratana | *Meditationslehrer aus Sri Lanka*]

Sinnesreize und Gefühle

»Angenehm« heißt in der buddhistischen Psychologie der Sinnesreiz, von dem wir mehr haben möchten, sobald er aufhört. Als »unangenehm« gilt der Sinnesreiz, von dem wir möchten, dass er aufhört, sobald er auftritt. Angenehme Gefühle sehnen wir herbei, unangenehme Gefühle lehnen wir ab, wir spüren Widerwillen dagegen (→ Kapitel 5). Neutral sind all jene Reize, bei denen wir innerlich nicht »Mehr davon!« oder »Aufhören!« rufen.

Achtsamkeit vereint Vorlieben und Abneigungen

Schauen wir uns den achtsamen Wahrnehmungsprozess noch genauer an. In der buddhistischen Psychologie spricht man von sechs Sinnen. Neben den uns bekannten fünf Sinnen wird auch der Geist als ein Sinnesorgan angesehen. Die Sinnesorgane sind unsere Tore zur Welt. Unser gesamtes Leben setzt sich zusammen aus Eindrücken, die wir über die Sinnesorgane wahrnehmen. Es gibt keine Erfahrung, die nicht durch unsere Sinnesorgane geprägt ist. Alle Empfindungen, die über die Sinnesorgane erzeugt werden, lassen sich einordnen auf einer Skala zwischen zwei gegensätzlichen Polen. Wir können nur wissen, was *heiß* ist, weil wir die Erfahrung von *kalt* kennen. Wir können nur *hell* sehen, weil wir wissen, was *dunkel* ist. *Leicht* und *schwer*, *süß* und *sauer*, *spitz* und *stumpf*, *dick* und *dünn* – unser Nervensystem und unsere Wahrnehmung werden bestimmt durch die Erfahrung von Gegensätzen. Im Moment der Empfindung unterscheiden wir spontan zwischen angenehm oder unangenehm. Nur äußerst wenige Reize kommen so bei uns an, dass wir sie weder als angenehm noch als unangenehm, also als neutral empfinden.

Angenehme und unangenehme Erfahrungen bestimmen unser Leben

Ob wir eine Erfahrung festhalten oder ablehnen, heranziehen oder wegdrängen, hängt davon ab, was wir im allerersten Moment ihres Auftretens empfinden. Die Buddhistische Lehre sagt: Lange bevor der Sinnesreiz überhaupt in unser Bewusstsein tritt, hat sich bereits auf der biologischen Reizskala entschieden, ob wir ihn angenehm oder unangenehm finden. Diese Form von spontanem, unbewusstem Empfinden, das sich angezogen oder abgestoßen fühlt, bestimmt unseren Lebensverlauf, denn in den Tiefen unseres UNTERBEWUSSTSEINS mischt sich diese trennende Unterscheidung in Angenehmes und Unangenehmes in alles ein, was wir erleben.

Die große Aufgabe auf dem buddhistischen Weg besteht nun darin zu lernen, all diese spontanen Empfindungen achtsam zu erfassen und innerlich zu benennen. Zu den Empfindungen gehören das physische Erleben der Sinne, zum Beispiel Berührungen auf der Haut, Hören, Sehen, Schmecken, und die Gefühle, die eine Mischung aus Körperempfindungen und Geistesregungen sind. Je genauer wir hinschauen, desto klarer erkennen wir, dass zu jeder Bewegung im Geist auch eine körperliche Empfindung gehört. Sie denken »Ja!« und spüren, dass sich Ihr Herz öffnet, Sie denken »Nein« und fühlen, wie es sich verschließt, wie Sie die Zähne zusammenbeißen und die Stirn runzeln. Es ist ganz wichtig, die körperlichen Empfindungen wahrzunehmen, damit wir unsere Erfahrungen innerlich einordnen können.

Egal ob angenehmer oder unangenehmer Reiz: Das ERKENNEN und BENENNEN von Sinneseindrücken ist der erste Schritt, um unsere Erfahrung aktiv ins Bewusstsein zu rufen. Was wir wahrnehmen, ist absolut subjektiv und hängt ab von unseren Veranlagungen, von Bildung und Kultur. Mithilfe von Achtsamkeit lernen wir, dass unsere Wahrnehmungsfähigkeiten viel freier sind, als wir es für möglich halten.

Angenehme und unangenehme Erfahrungen

→ Bei Ihrer allmorgendlichen Achtsamkeitsübung (→ Seite 13) nehmen Sie sich vor, während des Tages Ihre achtsamen Wahrnehmungen zu ergänzen durch die Beobachtung »Das ist mir angenehm« beziehungsweise »Das ist mir unangenehm«.

→ Sagen Sie im Tagesverlauf innerlich ganz leise zu sich selbst, wie Sie Ihre Erfahrungen einordnen: »Ich sitze in der U-Bahn und höre das Quietschen der Räder, das ist mir unangenehm. Ich schaue zu zwei Schülerinnen, die schon am frühen Morgen miteinander kichern, das ist mir angenehm.«

→ Registrieren Sie einfach, wie Sie unterscheiden zwischen angenehm und unangenehm. Fügen Sie dieser Beobachtung nichts hinzu.

→ Wenn Sie einige Tage zwischen angenehm und unangenehm unterschieden haben, hängen Sie an diese Wahrnehmung noch die Frage an: »Wie antworte ich auf das Angenehme?« oder »Wie antworte ich auf das Unangenehme?« Nehmen Sie ohne innere Bewertung zur Kenntnis: »Dies ist meine Reaktion auf angenehme Erfahrungen« beziehungsweise »Dies ist meine Reaktion auf unangenehme Erfahrungen.«

»Genügt das denn«, möchten Sie jetzt vielleicht wissen. »Muss man nichts tun, um die eigenen Reaktionen zu verändern?« Da es eine große Herausforderung ist, sich überhaupt diese Wahrnehmungen ins Bewusstsein zu rufen, haben Sie schon ganz viel erreicht, wenn Sie diese Unterscheidungen treffen können und sie sich auch immer wieder erneut vergegenwärtigen. Sie erkennen dann Zusammenhänge zwischen dem auslösenden Reiz (angenehm/unangenehm) und den Folgen. Mit der Zeit ziehen Sie ganz von selbst Konsequenzen. Sie lassen das los, was Ihnen ungünstig erscheint. Buddhas Lehre wirkt aus sich selbst heraus und erlaubt jedem, eigene, sinnvolle Schlüsse zu ziehen.

Die vier Gundlagen
der Achtsamkeit

Die buddhistische Lehre nennt vier Grundlagen der Achtsamkeit, vier Bereiche, in denen der Mensch seine Aufmerksamkeit schulen kann: die Körperwahrnehmung, die Gefühle, die Gedanken (das Erleben der Gedanken) und die Gedankenmuster (die Inhalte der Gedanken).

Körperwahrnehmung – die erste Grundlage der Achtsamkeit

Unser Körper ist das Haus, das der Geist bewohnt. Die Art und Weise, wie wir uns im Körper zu Hause fühlen, bedingt unser Zuhausesein in der Welt. Der Körper ist unser Anker im Hier und Jetzt. Wir können nicht spüren, was gestern war, und wir können nicht spüren, was morgen sein wird. Der Körper lebt nur in der Gegenwart. Er kennt keinen Zweifel. Er hat immer recht. Erfahrungen, die das Denken zersplittert, fügt der Körper wieder zusammen. Die Signale des Körpers sind reiner AUSDRUCK DER GEGENWART.

Doch das Verständnis für die Körpersignale müssen wir uns erst aneignen. Die komplexen Empfindungen im Körper wirken auf viele Menschen sehr irritierend. Es scheint oft schwierig, kranke und gesunde Regungen voneinander zu unterscheiden. Was mache ich mit dem Grummeln im Bauch, mit dem geschwollenen Gelenk, dem Zucken in den Augenlidern? Brauche ich ärztliche Hilfe, oder kann ich diese Körpersignale so feinfühlig deuten, dass sie dadurch gelöst werden? Zum Deuten von Körperempfindungen brauchen wir sehr viel Erfahrungswissen, das wir aus dem achtsamen Umgang mit unserem Körper gewinnen können.

Manche unserer Sinnesorgane, wie die Augen oder die Ohren, sind auf die äußere Welt ausgerichtet. Mit dem propriozeptiven Tastsinn nehmen wir die innere Welt wahr. Mit seiner Hilfe spüren wir, ob der Magen voll ist, ob sich die Lungen füllen und welche Muskeln angespannt sind. Sie trainieren Ihre Körperwahrnehmung dadurch, dass Sie in allen Lebensumständen innere und äußere Sinnesreize bewusst erleben. Körperwahrnehmung bedeutet unablässiges FORSCHEN. Die folgende Übung gibt Ihnen Anregungen, wie dieses Forschen aussehen kann.

ÜBUNG

Achtsame Körperwahrnehmung

→ Lesen Sie diese Achtsamkeitsübung und erinnern Sie sich immer wieder in Ihrem Tagesablauf daran. Sagen Sie sich: »In jeder Zelle meines Körpers möchte ich durch achtsame Anwesenheit meine Lebendigkeit spüren und mich tiefer entspannen.«

→ Erleben Sie bewusst, ob Ihr Körper liegt, sitzt, steht oder geht. Wenn sich Ihr Körper von einer Haltung in die andere bewegt, wenn Sie vom Stuhl aufstehen, wenn Sie sich hinlegen, nehmen Sie wahr, wie es Ihnen dabei ergeht, welche Bewegungen im Inneren und Äußeren erkennbar sind.

→ Zuweilen können Sie im Körperinneren ein Rumoren im Magen und Darm, das Auf und Ab des Zwerchfells, sogar wohliges Strömen in den Adern spüren. Sie fühlen, welche Muskeln angespannt sind und welche Sie mehr loslassen könnten.

→ Um die äußeren Bewegungen zu spüren, fragen Sie sich zum Beispiel: Wie neige ich den Kopf, wie hängen die Arme, die Hände, wie belaste ich die Beine, wie schwingt das Becken im Gehen, wie locker ist der Bauch, wie aufrecht halte ich die Wirbelsäule?

Der Körper ist ein Abbild unserer Erfahrung

Der menschliche Körper hat fast 800 Muskeln, die auf Befehl mit Anspannung reagieren und uns dadurch unsere individuelle Form geben. Der Körper spiegelt wider, was uns im Laufe unseres Lebens widerfahren ist. Der österreichische Psychoanalytiker Wilhelm Reich nannte das unseren Muskelpanzer. Körpertherapeuten können ganze Lebensgeschichten aus dem Muskelpanzer ablesen. Achtsame Körperwahrnehmung hilft uns, Denkstrukturen über die Wahrnehmung der körperlichen Empfindungen auf die Spur zu kommen. Je früher wir das Grummeln im Bauch entdecken, desto schneller können wir auch das Denken erkennen, das dieses Bauchgrummeln auslöst. Dahinter können zum Beispiel überhöhte Ansprüche oder nagender Ärger stehen. Rückenschmerzen weisen uns ebenso auf Belastungsgrenzen hin wie juckende Augen oder geschwollene Handgelenke.

Gefühle – die zweite Grundlage der Achtsamkeit

Gefühle sind eine Mischung aus Gedanken und körperlichen Energien. Daher ist das Erleben von Gefühlen eine höchst komplexe Angelegenheit. Gefühle beginnen damit, dass wir eine Erfahrung in angenehm oder unangenehm einteilen. Daraus ergibt sich eine Reaktionskette von körperlichen Empfindungen und Gedankenbewegungen, die wir dann Gefühl nennen. Ein Ziehen in der Brust, eine leichte Kontraktion im Mund, ein Ausstrecken der Arme, verbunden mit dem Gedanken: »Hätte ich doch endlich …!« ergibt zum Beispiel das Gefühl von Sehnsucht. Zusammengebissene Zähne, Herzklopfen, schneller Atem, feuchte Hände und starre Schultern, verbunden mit vielen Gedanken von Abwehr oder Ärger – dieses Erfahrungsmuster können wir Wut nennen.

Bereits als Kinder lernen wir von Eltern und Umgebung, welche Gefühle wir wie und wann ausdrücken dürfen. Als Erwachsener vergleicht man sich dann mit anderen und stellt fest: »Ich spüre wohl zu wenig Gefühle«, oder: »Ich werde von meinen Gefühlen überwältigt«, oder: »Bestimmte Gefühle spüre ich zu stark, andere gar nicht.« So entsteht das Bedürfnis, die eigene Gefühlswelt besser kennenzulernen und zu verändern. Auch im Vergleich mit anderen Kulturen können wir einen unterschiedlichen Umgang mit Gefühlen erkennen. Was bei uns an Gefühlsmimik üblich ist, wird beispielsweise in Japan missbilligt – da könnte ein ängstlicher Gesichtsausdruck schon bedeuten, dass man sich blamiert und somit sein Gesicht verloren hat. Es gibt also kein »Muss«, KEIN RICHTIG UND FALSCH im Erleben von Gefühlen. Jedes Gefühl möchte im individuellen Kontext einer Person und Kultur verstanden werden.

In vielen Lebenssituationen brauchen wir die Fähigkeit, ein Gefühl einfach nur wahrzunehmen, ohne es sogleich in Handlung umzusetzen. Wie oft wird im Gespräch mit einem Fremden in uns Ärger wach! In den meisten Fällen ist es unangemessen, jemand mit dem eigenen Ärger zu überhäufen. Stattdessen versuchen wir lieber zu verstehen, was in uns den Ärger auslöst und wie wir diesem Gefühl Beachtung schenken können, ohne es sofort auszuagieren. Vielleicht bemerken Sie plötzlich, dass bestimmte Gesten des Fremden Sie an den eigenen Vater erinnern, der Sie in Diskussionen nie hat zu Wort kommen lassen. Vielleicht reagieren Sie allergisch auf eine Formulierung, die Sie schweigend und widerstrebend am Tag zuvor im Gespräch mit dem Vorgesetzten geschluckt haben. Nicht jedes Gefühl, das wir empfinden, muss in eine Handlung umgesetzt werden. Häufig ist es sinnvoll, einem Gefühl erst inneren RAUM UND ZEIT zu schenken, es kennenzulernen und mit den eigenen Absichten abzustimmen, bevor man aus einer bewussten Entscheidung heraus zu Taten schreitet (→ auch Seite 106/107).

Ein Gefühl achtsam wahrnehmen

Die buddhistische Psychologie lehrt, dass es hilfreich ist, zu allen Zeiten ein Bewusstsein zu haben von den Gefühlen, die durch Körper und Geist fließen, und sie möglichst auch benennen zu können.

→ Wenn in Ihrem Alltag ein wohliges, angenehmes Gefühl besonders deutlich in Erscheinung tritt, nehmen Sie sich etwa zehn Minuten Zeit für die folgende Achtsamkeitsübung. Beantworten Sie die Fragen mit kurzen, ganzen Sätzen, die Sie innerlich zu sich selbst hin sprechen oder in Ihrem Notizbuch aufschreiben.

- Woran erkennen Sie Ihr Gefühl?
- Wie stark empfinden Sie es, wo würden Sie es einordnen auf einer Skala von 1 (schwach) bis 10 (extrem stark)?
- Ist Ihr Gefühl diffus, verschwommen oder klar, eindeutig?
- Haben Sie einen Namen dafür?
- Wo spüren Sie das Gefühl im Körper? Benennen Sie mehrere Körperempfindungen, die zu diesem Gefühl gehören.
- Fühlen Sie im Körper eine Quelle, aus der dieses Gefühl entspringt?
- Möchte sich das Gefühl in eine bestimmte Richtung bewegen?
- Können Sie das Fließen des Gefühls ungehindert zulassen?
- Akzeptieren Sie Ihr Gefühl, so wie es sich jetzt zeigt. Versuchen Sie nichts zu ändern, nichts zu beurteilen, keine weiteren Schlüsse zu ziehen. Sagen Sie sich: Es ist, wie es ist, und so darf es in diesem Moment auch sein.
- Sagen Sie sich ganz bewusst: »Mein Gefühl ist wie ein Wetter, das durch mich hindurchzieht. Ich bin nicht identisch mit meinem Gefühl, es gibt noch viele Bereiche in mir, die nicht davon berührt werden. Gefühle kommen und gehen wie alles andere auch.«

Gedanken – die dritte Grundlage der Achtsamkeit

Ob wir es wissen oder nicht, unser Verhalten wird von unserem Denken geprägt. Wir tun das, was wir für richtig halten, was wir aus Gewohnheit kennen und woran wir glauben. Unzählige Entscheidungen treffen wir, ohne groß darüber nachzudenken, woher sie kommen und wohin sie führen könnten. Gedanken haben uns im Griff, meistens merken wir nicht einmal, dass wir denken. So wie das Sinnesorgan Nase das Riechen ermöglicht, so bedingt das Sinnesorgan Geist das Denken. Während Emotionen aus einer Mischung von geistigen und körperlichen Prozessen entstehen, sind Gedanken der klassische Ausdruck des Geistes. Mit dem Denken überwinden wir das Gebundensein in Raum und Zeit, es entführt uns aus der Gegenwart in imaginäre Welten. Gedanken erzeugen Vergangenheit und Zukunft.

In der buddhistischen Lebensweise ist es eine essenzielle Aufgabe, kontinuierlich in den gegenwärtigen Moment, die sinnliche Erfahrung im Hier und Jetzt, zurückzukehren. Gedanken locken uns fort. Wir träumen uns nur zu gerne in die Zukunft hinein, weil wir glauben, dass sich dort erfüllt, was jetzt unbefriedigt bleibt. Oder wir leben in der Erinnerung an die Vergangenheit. Etwas hält uns fest im Gestern, gute oder schreckliche Erfahrungen lassen uns einfach nicht los. Wie Spinnweben hüllen die Gedankenmuster uns ein. Sie verhindern, dass wir Chancen in der Gegenwart ergreifen.

Mit diesen Gedankenmustern meine ich jedoch nicht gezieltes, bewusstes Denken, wenn wir etwa über Fehler in der Vergangenheit nachdenken, um sie nicht zu wiederholen, oder konkrete Pläne schmieden und auf diese Weise die Zukunft visualisieren. Dieses wache Denken weiß, dass Leben nur im Jetzt stattfindet. Sobald wir aber bemerken, dass träumerische Gedanken uns aus der Gegenwart entführen, sollten wir immer zum bewussten Empfinden des Körpers zurückkehren.

ÜBUNG

Achtsames Erleben von Gedanken

→ Nehmen Sie sich für diese Übung etwa zehn Minuten Zeit, egal in welcher Körperhaltung, und sorgen Sie dafür, dass Sie nicht gestört werden.

→ Ihre Aufgabe lautet, die Aufmerksamkeit beim Wahrnehmen von Körperempfindungen zu belassen.

→ Benennen Sie innerlich, was Sie im Körper spüren, etwa den Druck Ihres Körpers auf der Sitzfläche, die Bewegung des Atems, die Lage der Hände. Schließen Sie die Augen, wenn es Ihnen so leichter fällt.

→ Achten Sie darauf, wann Sie von den Körperempfindungen weggehen zu Gedanken.

→ Sobald Sie merken, dass Sie denken, kehren Sie zurück zu den Körperempfindungen. Zählen Sie die Momente des Weggehens vom Körper hin zu den Gedanken. Wie oft machen Sie diese innere, geistige Bewegung in zehn Minuten?

→ Wiederholen Sie diese Übung an anderen Tagen und vergleichen Sie Ihre Ergebnisse. Sie erkennen dann, wie unterschiedlich Ihre Achtsamkeit ist und wie sehr die geistige Präsenz Schwankungen unterliegt, die wir nicht kontrollieren können.

Gedankenmuster – die vierte Grundlage der Achtsamkeit

Die vierte Grundlage der Achtsamkeit betrifft sich wiederholende Gedankenmuster. Ein Gedanke kommt selten allein. Glaubensvorstellungen, Vorurteile, Einstellungen, Meinungen, Assoziationsketten zu bestimmten Personen und Themen in unserem Leben wiederholen sich immerzu und bestätigen sich stets selbst aufs Neue.

Von manchen Gedankenmustern wissen wir schon von vornherein, dass sie unwahr sind, doch wir denken sie trotzdem weiter. Der alte Sufi-

Narr Nasruddin, von dem die abenteuerlichsten Geschichten erzählt werden, prahlte vor seinen Freunden in der Teestube: »Ich kann im Dunkeln sehen.« »Wenn das wahr ist«, sagten seine Freunde, »stellt sich die Frage, warum wir dich denn manchmal nachts mit einer Kerze umherlaufen sehen?« Nasruddin erwiderte: »Ich benutze nur deshalb ein Licht, damit die anderen Leute mich nicht umrennen.«

Solche Argumentationen kennen Sie sicher auch von Freunden und Nachbarn. Nur bei uns selbst bemerken wir sie nicht. Wir sind so eng verwoben mit unseren Gedankenmustern, dass es viel Achtsamkeit braucht, um unser Denken zu erkennen. Je weiter wir in der Achtsamkeitsübung vorankommen, desto eher ist es möglich, Gedanken loszulassen, sie nicht weiterzudenken oder auch, sie durch angemesseneres Denken zu ersetzen. Die folgende Übung zeigt Ihnen, wie Gedankenmuster bei Ihnen aussehen.

ÜBUNG

Gedankenmuster erkennen

→ Nehmen Sie sich Ihr Notizbuch vor und ergänzen Sie jeden angefangenen Satz durch eine Reihe von Gedankenmustern, die Sie bei sich selbst erkennen können. Glaubensvorstellungen, Vorurteile, Einsichten über Lebenswahrheiten, Maximen, Prinzipien, Meinungen, ganz gleich, was Ihnen in den Sinn kommt:

Ich glaube ...

Ich verurteile ...

Ich bin der Meinung, dass ...

Ich kann es nicht leiden, wenn ...

Zweifellos wahr ist für mich, dass ...

Schreiben Sie so viel, wie Ihnen einfällt.

Vertrauen

entwickeln

→ Mit Achtsamkeit geht es nun an die Erforschung der Fünf Hindernisse. Als Erstes begegnen wir dem Zweifel, der vom Für und Wider der Gedankenprozesse lebt. Erfüllt von Zweifel können wir unser Ziel nicht erreichen. Wir brauchen Selbstvertrauen und müssen lernen, unsere Unvollkommenheit wohlwollend anzunehmen, um uns den Herausforderungen des Lebens zu stellen.

Die Herausforderung:
Zweifel

Nachdem das erste Kapitel Sie umfassend eingeführt hat in die Achtsamkeitsübung, haben Sie nun Gelegenheit, dieses Instrument einzusetzen, um das Hindernis Zweifel zu ergründen. Zweifel ist ein Geisteszustand, der nicht immer leicht zu erkennen ist. Mal ist der Zweifel stark, mal versteckt und schwach. Große Aufmerksamkeit ist nötig, um Ihrem Zweifel auf die Schliche zu kommen. Er könnte sich bereits in diesem Moment zeigen mit der Frage: »Ob dieses Buch mir wohl etwas bringt? Ob ich daraus wirklich etwas für mich gewinnen kann?« Solange ein Zweifel schwach ist, sprechen wir von Skepsis: »Ich zweifle daran, dass der Paketdienst heute noch kommen wird.«

Verwandt mit der Skepsis ist die Verwunderung. »Ich hätte gar nicht gedacht, dass du so gut Ski fahren kannst.« In dem Moment, in dem Sie diesen Satz aussprechen, löst sich in der Regel der Gedanke schon auf. Zum Hindernis wird er erst, wenn sich in uns etwas festsetzt und endlose Gedankenschleifen bildet. Das könnte so aussehen: »Wenn ich gewusst hätte, dass meine Freundin bereits Ski fahren kann, hätte ich mich nicht mit ihr zusammen zum Kurs angemeldet. Nun fühle ich mich erst recht wie ein blutiger Anfänger. Wie unangenehm. Ob ich lieber gleich wieder heimfahren sollte?« Wenn Sie immer wieder darüber nachdenken, ob Sie bleiben oder abreisen sollten, wenn Sie auch nach einem offenen Gespräch nicht von den zweifelnden Gedanken wegkommen, dann wirkt das Hindernis Zweifel. Es liegt schon in der Natur des Wortes: Zweifel E N T Z W E I T. Zweifel lässt unsere guten Kräfte nicht im Ganzen wirksam werden, denn Zweifel teilt und nagt an der Substanz. Es scheint keine Lösung zu geben in dem zermürbenden Hin und Her des Zweifels. Sachliche Argumente zeigen keine Wirkung. Entspannung und Ruhe liegen in weiter Ferne.

Manchmal wirkt Zweifel wie ein Gift. *Zweifel* sieht *zwei* Seiten (oder noch mehr) und stürzt uns in Konflikte. Stellen Sie sich vor, Sie machen eine Bergwanderung. An einer Weggabelung müssen Sie sich für eine Richtung entscheiden. Es gibt gute Gründe für den Weg nach rechts und ebenso gewichtige Argumente für den Weg nach links. Je länger Sie darüber nachdenken, desto unmöglicher erscheint es Ihnen, den ersten Schritt zu tun. Auf unserem Lebensweg sieht es manchmal genauso aus. Je nachdem, wie stark der Zweifel ist, vergehen für manche Menschen Tage, Monate oder sogar Jahre, ohne dass ein Ausweg erkennbar wird. Zweifel lähmt und kann zu körperlicher Bewegungslosigkeit führen, weil die Energie im Denken verpulvert wird.

Zweifel wird im Denken geboren

Der Zweifel entspringt einem unruhigen Denken. Immer wieder jagen die gleichen Gedanken durch den Geist, kaum hat man sich für etwas entschieden, tauchen Gegenargumente auf und machen alles hinfällig. »Wie kann ich meinen 40. Geburtstag am besten feiern? Soll es eine Feier im engsten Familienkreis werden, oder lade ich alle Leute, die ich kenne, zu einem rauschenden Fest ein?« Manche Freunde fragen schon, ob sie sich den Termin freihalten sollen. Ihnen selbst ist allerdings eher nach einem gemütlichen Abend mit den Liebsten zumute. Aus diesem Hin und Her entsteht eine INNERE PATT-SITUATION, die motivierenden Kräfte neutralisieren sich gegenseitig, im Für und Wider von hin und her flitzenden Gedanken kommt es zu keiner Entscheidung, während der innere Druck ständig steigt.

Wir alle kennen ähnliche Situationen. Manchmal wirkt Zweifel geradezu schmerzhaft. »Lass mich hier raus!«, möchten wir rufen. Je mehr wir nachdenken, desto stärker wird der Zweifel. Er ernährt sich von Ansichten und Meinungen, die nicht miteinander in Übereinstimmung zu bringen sind.

Warst **wirklich** du es, den ich sah,
oder ist diese **Freude**,
die ich fühle, nur ein **Traum**?

[T e i s h i n | *japanische Zen-Nonne (18. Jahrhundert)*]

Selbstzweifel kosten Kraft

Vergleiche sind für den Zweifel echte Leckerbissen. Sobald wir Vergleiche anstellen, schnappt der Zweifel zu und bläht sich weiter auf. Wir schauen in den Spiegel und vergleichen das innere Bild von uns selbst mit dem, was wir im Spiegel sehen. Sehe ich gut aus? Darf ich sein, wie ich bin? Wenn wir den Blick auf unsere Fehler richten, sehen wir lauter Unzulänglichkeiten. Die Haare liegen nicht richtig, die Haut könnte reiner sein, die Figur schlanker. Voller Zweifel fragen wir uns, ob und wie es möglich ist, mit der eigenen Unvollkommenheit zu leben. Der Zweifel ist ein Nagetier mit scharfen Zähnen und bringt das SELBSTWERTGEFÜHL schnell zum Bröckeln, reißt Wunden, die schwer heilen. Stellen Sie sich vor, Sie joggen gerade in aller Ruhe allein und zufrieden auf einem Waldweg, da biegt ein Athlet um die Ecke und sprintet leichtfüßig an Ihnen vorbei – schon fühlen Sie sich wie ein verrostetes Fahrrad.

Was Sie sich auch vornehmen, woran Sie sich auch erfreuen – sobald Sie sich mit dem vermeintlich Besseren vergleichen, bekommt Ihr Selbstvertrauen einen Riss. Das Vergleichen schmerzt, es nimmt uns unsere Einzigartigkeit. Im Vergleich vermissen wir meist den Respekt, denn es wird zu schnell eine Bewertung einbezogen. Da unsere Leistungsgesellschaft vom Vergleichen lebt, schauen viele entweder zu anderen auf oder aber auf sie herab – es bleibt Ihnen selbst überlassen, in welcher Situation Sie sich oben oder unten einordnen. Tief in uns tragen wir eine Vorstellung von dem, was wir gerne sein möchten. An manchen

Tagen quälen uns die Erwartungen, die sich daraus ergeben. Wir zweifeln, ob wir sie je erfüllen können, weil wir uns so weit von unserem Idealbild entfernt fühlen. Es gibt aber auch Zeiten, wo wir großzügig sind, voller Bereitschaft, uns selbst zu vergeben und uns so anzunehmen, wie wir nun einmal sind.

Ein Lieblingsmotto von mir lautet: »Gepriesen sei die Unvollkommenheit!« Es erinnert mich daran, meine kleinen und großen Makel mit Gelassenheit zu registrieren. Ich verzichte dann auf Werturteile und sage mir: »Warum sollte ich wohl auf diesem Planeten in diesem Körper stecken, wenn ich nichts zu lernen hätte?« Ich glaube, dass Lebenskunst zum großen Teil darin besteht, uns selbst so anzunehmen, wie wir sind. Zweifel ist da offensichtlich hinderlich. Deshalb üben wir, den Zweifel LOSZULASSEN. Mit ganz viel Achtsamkeit können wir ihn aufspüren und ihm zurufen: »Da bist du ja, dich kenne ich schon, du hast mir noch nie gutgetan. Ich schenke dir keine weitere Aufmerksamkeit. Jeder Gedanke, den ich auf dich verwende, ist vergeudet.«

Den Zweifel benennen

Um den Zweifel loslassen zu können, müssen wir jedoch überhaupt erst lernen, ihn wahrzunehmen. Das ist gar nicht so einfach, da wir uns im Laufe der Zeit mit unseren unangenehmen Empfindungen arrangieren oder aber sie verdrängen. Schließlich sind uns die Hindernisse seit Jahren vertraut, während eine Veränderung in vielen Menschen erst einmal Angst auslöst. Weiter zu leiden scheint für uns leichter zu sein, als Hindernisse zu überwinden. Der erste Schritt, um das Hindernis Zweifel (und alle folgenden, die noch beschrieben werden) zu entkräften, ist also, es mit aller Achtsamkeit wahrzunehmen. Die folgende Übung soll Ihnen helfen, diese WAHRNEHMUNGSFÄHIGKEIT zu erlangen. Erst dann können wir im nächsten Schritt ans Loslassen denken (→ auch Info Seite 65).

Zweifel wahrnehmen

Nehmen Sie sich für die folgende Übung zwanzig Minuten Zeit. Finden Sie heraus, in welchem Gewand der Zweifel in Ihrem Leben auftaucht, ohne ihn gleich ändern zu wollen: Nehmen Sie ihn einfach nur zur Kenntnis. Um dem Zweifel sinnvoll zu begegnen, müssen Sie ihn erst einmal in seinen unterschiedlichen Ausprägungen betrachten.

→ Nehmen Sie sich Ihr Notizbuch und vollenden Sie – ganz spontan – die folgenden Satzanfänge mehrfach auf unterschiedliche Weise.

→ Spüren Sie, ob beim Schreiben der Antworten Empfindungen im Körper auftauchen. Alle Empfindungen werden so stehen gelassen, wie sie in Erscheinung treten. Gehen Sie nicht extra auf die Empfindungen ein und wenden Sie sich nicht von ihnen ab. Versuchen Sie auch nicht, die Empfindungen zu ändern. Lenken Sie Ihr Bemühen dahin, im inneren Raum um die Empfindung herum noch mehr Platz zu machen und sie wohlwollend anzunehmen.

1. Zweifel bedeutet für mich…

2. In meinem Leben taucht Zweifel auf, wenn ich…

3. Wenn ich zweifle, dann…

4. Am schwierigsten erscheint mir, dass Zweifel…

5. Ich wünschte, Zweifel…

→ Üben Sie von nun an in Ihrem Alltag, den Zweifel zu benennen, wann immer er auftaucht. Damit geben Sie dem Phänomen einen Namen und machen es fassbar. Wenn Ihnen auffällt, dass Sie entgegen Ihrer eigenen Erwartung nicht zweifeln, benennen Sie diese Beobachtung auch: »Ich zweifle jetzt nicht, obwohl ich es eigentlich von mir erwartet habe.«

Zweifel in Beziehungen

Leben ohne Beziehungen ist undenkbar. Wir werden aus einer Beziehung heraus geboren, wir leben in Beziehung zur Welt und den Dingen und Wesen in ihr. Wir kennen die Beziehung zu uns selbst und zum Göttlichen. Eigentlich möchten wir alle glücklich und zufrieden sein im Kontakt mit der Familie, den Freunden, den Kollegen und Nachbarn. Doch die Zweifel, die wir uns selbst gegenüber hegen, wenden sich auch gegen unsere Mitmenschen. Vor allem enge Beziehungen leiden unter dem Zweifel, weil er sich im täglichen Beisammensein unmittelbar zeigt. »Warum traust du mir das nicht zu?«, fragt die Tochter ihre Mutter. »Warum zweifelst du an meiner Treue?«, fragt der Ehemann seine Frau. Wir können unzählige Gründe zum Zweifeln erfinden. Je mehr wir die Zweifel-Gedanken nähren, desto häufiger erschüttern sie unsere Beziehungen. Wie eine Mauer steht der Zweifel vor der wärmenden Kraft der Liebe. Entspannung ist unter dem Einfluss von Zweifel kaum möglich. Das Nagetier Zweifel knabbert an den Fundamenten von Beziehungen, bis das Vertrauen brüchig wird.

Kleiner Zweifel – großer Zweifel

In der buddhistischen Lehre unterscheidet man zwischen kleinem und großem Zweifel. Beide Formen von Zweifel wirken als Herausforderung und verhindern Vertiefung und Vorankommen. Der kleine Zweifel entspricht dem Hin und Her, das ich bisher beschrieben habe. Wir können ihn auch »alltäglichen Zweifel« nennen.

Der große Zweifel dagegen bezieht sich auf Glaubens- und Lebensfragen, die eine tiefere Bedeutung für uns haben. Deshalb wird der große Zweifel auch »existenzieller Zweifel« genannt. Neben allen Schwierigkeiten, die er bereitet, enthält er im Gegensatz zum kleinen Zweifel, der uns häufig nur hemmt, auch positive Seiten, weil er uns anspornt.

Der große Zweifel fragt: »Sollen wir ein zweites Kind bekommen? Soll ich noch einmal eine neue Berufausbildung beginnen? Wäre es sinnvoll, in eine andere Stadt zu ziehen? In welcher Kirche kann ich wirklich mein Zuhause finden?«

Solche Fragen entspringen dem großen, dem existenziellen Zweifel. Sie brauchen unsere Beachtung und Aufmerksamkeit, denn sie bringen unser Leben in Bewegung, wenn wir uns bemühen, die Wurzeln dieses Zweifels aufzudecken. Der große Zweifel birgt die Kraft zur Veränderung, zur Klärung und zum tieferen Frieden in sich. Wenn wir auf ihn hören, finden wir heraus, was in unserem Leben wirklich Priorität hat. Den alltäglichen Zweifel gilt es zu benennen und Abstand zu nehmen, der existenzielle Zweifel braucht eine Bezeichnung und große Aufmerksamkeit. Während der alltägliche Zweifel ein Nagetier ist, erscheint mir der existenzielle Zweifel wie ein Elefant. Der Elefant gilt als Verkörperung von Weisheit. Ihn kann man nicht einfach beiseiterücken. Er ist unübersehbar. Wenn wir dem existenziellen Zweifel bewusste Zeit und intensives Nachdenken widmen, können wir seine verborgenen Kräfte freilegen. Dieser große Zweifel möchte im Gespräch mit anderen erörtert werden. Wenn wir ihn akzeptierend ergründen, bringt er fruchtbare Veränderungen in unser Leben.

Bei meiner Arbeit als Psychotherapeutin habe ich oft die Frage gehört: »Was soll ich nur tun? Woran merke ich, ob es sinnvoll ist, in einer zweifelhaften Lage auszuharren oder einen Schlussstrich zu ziehen? Welche Zeichen soll ich lesen lernen?« Nach ausführlichem gemeinsamen Abwägen der Situation entstand häufig der Eindruck, dass es vorrangig darum geht, wieder in BEWEGUNG ZU KOMMEN, dass es ein »Richtig« oder »Falsch« gar nicht gibt, da jegliche Bewegung in eine Richtung in festgefahrenen Lebenssituationen nur gut sein kann. Mit der folgenden Übung erhalten Sie Ansatzpunkte für einen lösenden Umgang mit Zweifel, ganz gleich, ob es sich um großen oder kleinen Zweifel handelt.

Lösung im Körper spüren

Wenn Sie in einer Zwickmühle stecken und sich nicht entscheiden können, nehmen Sie eine entspannte Haltung ein und verbringen Sie etwa eine halbe, ungestörte Stunde mit den folgenden Fragen. Richten Sie diese Fragen im Geiste an sich selbst und antworten Sie sich selbst auch im Stillen mit kurzen, klaren Sätzen:

→ Benennen Sie zunächst Ihren Konflikt innerlich mit ein bis zwei Sätzen. (»Ich kann mich nicht entscheiden, ob ich ...«)

→ Wiederholen Sie diese Sätze innerlich mehrfach und spüren Sie dabei tief in Ihren Körper hinein. Welche Empfindungen im Körper treten in den Vordergrund?

→ Geben Sie diesen Empfindungen viel Raum, versuchen Sie nicht, etwas zu ändern. Akzeptieren Sie den Konflikt im Geist und die Gefühle, die dazu im Körper auftauchen.

→ Nun führen Sie Ihre Aufmerksamkeit bewusst zu Bereichen im Körper, die sich warm, weich und angenehm anfühlen. Sie spüren dadurch, dass es neben dem Zweifel Bereiche in Ihrem Leben gibt, die nicht davon berührt sind.

→ Nachdem Sie sich im angenehmen Körpergefühl einige Minuten entspannt haben, stellen Sie sich vor, wie der Konflikt, der sie zurzeit quält, bereits hinter Ihnen liegt, ganz unabhängig von einer tatsächlichen Lösung. Stellen Sie sich vor, dass es eine Lösung gab, und sehen Sie sich selbst in der neuen Lebenssituation.

→ Machen Sie sich das beste Bild von sich selbst in der neuen Lebenssituation. Sehen Sie sich ganz entspannt, guter Dinge und voll neuer Energie.

→ Nehmen Sie wahr, wie sich dieses positive Selbstbild in Ihrem Körper anfühlt. Spüren Sie die Erleichterung, dass alles hinter Ihnen liegt, sehen Sie sich im besten Licht, in wohltuender Umgebung, in froher Stimmung, spüren Sie die entsprechenden Empfindungen im Körper.

→ Fragen Sie sich, wie dieses positive Selbstbild sich in Ihrem Alltag umsetzen lässt und ob es Ihren Zweifel auflösen kann.

Vertrauen bilden

Um Zweifel auszugleichen, müssen Sie Vertrauen üben. In diesem Teil des Kapitels erhalten Sie daher eine Reihe von Anregungen, um Ihr Vertrauen zu stärken. Wir schaffen es, aus dem zweifelnden Gedankengestrüpp auszubrechen, wenn es uns gelingt, die Aufmerksamkeit auf den Körper zu konzentrieren und ganz in den gegenwärtigen Moment einzutauchen. Wenn Sie von Zweifeln geplagt sind und nicht wissen, wofür Sie sich entscheiden sollen, orten Sie zuallererst das nagende Gefühl im Körper. Der Körper kennt keinen Zweifel. Er gibt eindeutige Antworten, da er sich nicht in zwei Richtungen gleichzeitig bewegen kann. Zwar fühlt sich das Blockiertsein auch im Körper nicht angenehm an, doch Sie haben damit ein konkretes Wahrnehmungsobjekt und gehen nicht in der luftigen Gedankenwelt des Zweifelns verloren. Wer sein Vom-Zweifel-Gelähmtsein im Körper erspürt, kann sich dieser Körperempfindung bewusst zuwenden. Die beruhigende Wirkung, die davon ausgeht, gibt uns Kraft. Wir sammeln uns, indem wir unsere KÖRPERGEFÜHLE AKZEPTIEREN, was uns im besten Fall erlaubt, einen inneren Impuls zu spüren und ihm zu folgen. So kommen wir wieder in Bewegung

Vertrauen lässt sich üben

In einer englischen Meditationsanleitung heißt die Aufgabe zum Entwickeln von Vertrauen: »Keep rubbing the object.« Frei übersetzt: »Reibe dich kontinuierlich am Objekt deiner Aufmerksamkeit.« In der Meditation ist das Objekt der Aufmerksamkeit der Atem. Die Anleitung bedeutet, nah am Atem dranzubleiben, die Aufmerksamkeit zu verdichten. Im Alltag kann es im Umgang mit dem großen Zweifel heißen, sich nicht vom Thema weglocken zu lassen, sich an den drängenden Fragen so lange zu »reiben«, bis sie geklärt sind. Im Umgang mit dem kleinen Zweifel bedeutet die Anleitung, sich nicht irritieren zu lassen durch diesen Zweifel, bei den Zielen zu bleiben, die man sich gesetzt hat.

Bei Entscheidungsproblemen, ganz gleich ob ein großer oder kleiner Zweifel dahintersteckt, kann es helfen, sich zu sagen: »Schluss mit den zermürbenden Gedanken, dadurch ändert sich gar nichts. Ich werde nicht mehr denken.« Stattdessen könnten Sie das folgende Experiment machen: Teilen Sie die Zeitspanne, die Ihnen bleibt, bis Sie Ihre Entscheidung endgültig gefällt haben müssen. Stellen Sie sich vor, Sie fällen eine Entscheidung, gleich welcher Richtung, und Sie versuchen nun, die erste Hälfte der Zeit mit dieser Entscheidung zu leben. Spüren Sie dabei Ihre inneren Widerstände. Wogegen möchten Sie sich auflehnen und weglaufen, wo fühlen Sie sich genötigt, anderen lange Erklärungen zu geben? Wenn Sie nach Ablauf der ersten Zeitspanne den Eindruck haben, dass Sie nicht mit der gewählten Entscheidung leben können, ändern Sie die Richtung. Leben Sie nun die zweite Hälfte der Zeit mit der anderen Entscheidung, um genau zu spüren, wie sich das im Körper anfühlt. Spüren Sie jetzt auch Widerstände, Furcht, Wut?

Wenn Sie so oft wie möglich in den Körper hineinfühlen, wird sich eine Rückmeldung erkennbar machen. Sie können vielleicht spüren, bei welcher Entscheidung Ihre Herztüren aufgehen oder sich verschließen. Sie können fühlen, ob sich ein Kloß im Hals aufbaut oder ein Knoten im Solarplexus drückt, wenn Sie eine bestimmte Richtung einschlagen. KLARHEIT gewinnen Sie aber nur, wenn Sie nicht mehr an die andere Entscheidungsmöglichkeit denken. Es braucht jedoch viel Disziplin und Entschiedenheit, sich nicht mehr in den zweifelnden Gedankengängen zu verlieren und stattdessen zu erleben, wohin der innere Fluss strömen möchte. Das Ergebnis könnte auch lauten, dass Sie nichts ändern wollen, nur haben wir das leider nicht in der Hand, wenn das Leben Entscheidungen fordert.

Vertrauen erforschen

Nehmen Sie sich eine halbe Stunde ungestörte Zeit und schreiben Sie Ihre Antworten zu den folgenden Fragen auf. Lassen Sie sich jede Frage wie einen Löffel Eis im Mund zergehen, lauschen Sie auf das Echo der Frage, bevor Sie die Antwort aufschreiben.

Sich selbst vertrauen

→ Erinnern Sie sich an eine Situation in Ihrem Leben, wo Sie großes Selbstvertrauen gespürt haben.

● Waren Sie allein oder mit anderen Menschen zusammen?

● Durch welche Empfindungen und Gedanken zeigte sich Ihr Selbstvertrauen?

→ Denken Sie darüber nach: Was stärkt Ihr Selbstvertrauen? Was mindert es?

Anderen vertrauen

→ Erinnern Sie sich an eine Situation in Ihrem Leben, wo Sie zu einem anderen Menschen großes Vertrauen gespürt haben.

● Wodurch hat sich Ihr Vertrauen zu ihm besonders gezeigt?

● Welche Empfindungen im Körper gehörten zu dieser Situation?

● Was brauchen Sie, um anderen zu vertrauen?

Ich vertraue, wenn ich sicher bin, dass ...

Mein Vertrauen zeigt sich darin, dass ich ...

● Was mindert Ihr Vertrauen in andere Menschen?

Ich entziehe mein Vertrauen, wenn ...

→ Fragen Sie sich abschließend: Was ist mir deutlich geworden durch die Beantwortung dieser Fragen? Welche Einsichten habe ich gewonnen über mein Vertrauenspotenzial?

Buddhas Antwort auf Zweifel

Eine seiner berühmtesten Lehrreden hielt Buddha in dem Dorf Kalamas. Auch zu Buddhas Zeit war es üblich, zu Vorträgen von Gelehrten und Meistern zu gehen, um Antwort auf die drängenden Lebensfragen zu suchen. Die Dorfbewohner von Kalamas luden in regelmäßigen Abständen spirituelle Meister zu Vorträgen ein. Doch es verwirrte sie, dass die Meister sich widersprachen. Die einen empfahlen strenges Fasten, die anderen gesunde Ernährung, die einen schickten sie fort zu langen Schweigezeiten, die anderen sagten, Erleuchtung gibt es nur im Alltag. Was sollten sie nun glauben? Jeder schien ein anderes Rezept für ein glückliches Leben anzupreisen. So geht es uns heute ja auch oft. Woher weiß man nur, was richtig und sinnvoll ist? Woran kann man das messen? Wir fragen stets: Wer hat recht? Was ist wissenschaftlich erwiesen? Als Buddha in Kalamas vor seinen Zuhörern stand, sprach er in etwa die folgenden Worte:

»Liebe Leute von Kalamas, ihr mögt erstaunt sein und voller Verwunderung und Zweifel. Ihr fragt euch, was nun angezweifelt und geglaubt werden kann, nach allem, was ihr bis jetzt gehört habt. Schenkt mir nicht einfach euren Glauben! Wenn ihr die innere Wahrheit finden wollt, dann erforscht sie auf diese Weise:

Seid nicht zufrieden mit dem, was man sagt, und dem, was die Traditionen verkünden, seid nicht zufrieden mit Legenden und dem, was in gewichtigen Schriften steht, voller Logik, mit dem Zusatz versehen: ›ein weiser Meister sagt …‹ Nein, seid nicht zufrieden damit! SCHAUT IN EUCH SELBST HINEIN.

Wenn ihr in euch selbst erkennt, welche Lehren zu tadeln sind, von Weisen abgelehnt werden müssen und Schmerz und Kummer hervorbringen, dann solltet ihr sie gehen lassen. Wenn Lehren zu Falschheit und Gier führen, zu Diebstahl und Besessenheit, zum Anwachsen von Hass und Illusion, dann solltet ihr sie gehen lassen.

Also, liebe Leute von Kalamas, seid nicht zufrieden mit dem, was man reden hört und was Traditionen und Lehrer verkünden, egal auf welche Weise sie zu euch kommen – und mögen sie noch so eindrucksvoll sein. Nur wenn ihr sicher in euch selbst wisst, dass eine Lehre gesund, tadellos und von Weisheit durchdrungen ist, wenn ihr spürt, dass die Ausübung dieser Lehre zu Wohlergehen und Glücklichsein führt, dann solltet ihr diesem inneren Wissen folgen. Wenn Aufrichtigkeit, Liebe, kluges und klares Handeln und Freiheit daraus erwachsen, dann solltet ihr diesen Lehren folgen.

Ihr könnt auch den Schluss ziehen: Wenn es noch weitere Leben geben wird, dann wird das Gutsein in diesem Leben Früchte tragen, und wenn es keine anderen Leben gibt, dann werden wir die Früchte des Guten Hier und Jetzt erleben.«

Gute Absicht – Wurzel des Vertrauens

Schaut in euch selbst hinein, sagt Buddha. Schöpft Vertrauen aus dem, was innerlich klar und gewiss erscheint. Buddha hatte eine offensichtliche Radikalität. Er verlangte keinen Glauben. Ihm ging es nicht darum, uns auf künftige Lebenszeiten zu vertrösten. Er wollte, dass die Menschen aus EIGENER ERFAHRUNG zu der Einsicht kommen, dass ihr Leben nur im Hier und Jetzt stattfindet.

Seine Lehre zeigt Schritt für Schritt auf, wie sich Verständnis für unsere Lebensprozesse bildet und ausweitet. Und er sagt: Jedes Handeln hat Konsequenzen, die wir gleich jetzt in unserem Leben spüren können. Angemessenes, gesundes Handeln hat glückliche Folgen, unangemessenes, genusssüchtiges und böswilliges Handeln hat unglückliche Folgen. Aus einem Apfelkern wächst ein Apfelkeim und ein Apfelbaum, der Äpfel trägt, keine Birnen. Wenn wir Wasser erhitzen, wird es kochen und verdampfen. Es gibt ein Prinzip von Ursache und Wirkung, auf das wir uns verlassen können. Eine Stufe des Werdens bedingt die folgende. Buddha erkannte, dass dieses Gesetz nicht nur im materiellen, sondern auch im immateriellen Bereich, im Bereich der gedachten und gesprochenen Worte, gilt und dass die Wirkungen nicht nur in diesem Leben erkennbar sein müssen, sondern sich über viele Daseinsphasen erstrecken können. URSACHE und WIRKUNG ist ein ewiges Naturgesetz, das im ganzen Universum gilt.

>> So wie alle Wasser in den großen Meeren nur einen einzigen gemeinsamen Geschmack haben – den Geschmack von Salz –, so haben auch alle wahrhaftigen Lehren nur einen einzigen Geschmack – den Geschmack von Freiheit.

[Buddha]

Wenn wir ein glückliches Leben führen wollen, müssen wir erkennen, welche Absichten wir mit unserem Tun verfolgen. Buddha lehrt, dass die Absicht über die Konsequenzen entscheidet, die wir in unserem Leben erfahren. Achtsames Handeln allein ist nicht ausschlaggebend. Ein Dieb kann mit höchster Achtsamkeit einen Tresor öffnen. Die Folgen werden nicht glückbringend sein. Mit viel Achtsamkeit erkennen wir mehr und mehr die Absichten in unserem eigenen Handeln. Wir lernen zu fragen, was wir mit unserem Verhalten erreichen wollen, noch bevor wir es in die Tat umsetzen. Doch wie oft lassen wir uns vom Zweifel beeindrucken, und dann erscheint es uns ungewiss, welches Verhalten richtig ist!

Der alte Nasruddin wird von seinen Freunden dabei entdeckt, wie er im Garten Brotkrumen ausstreut. »Wozu soll das gut sein?«, fragen ihn die

Nachbarn. »Ich vertreibe auf diese Weise die Tiger.« »Aber es gibt hier doch gar keine Tiger!« »Da seht ihr mal, wie gut mein Mittel wirkt.«

Es braucht viel Erfahrung, um die Absicht des eigenen Handelns zu erkennen. In der folgenden Geschichte löst die Weisheit den Zweifel ganz intuitiv auf.

Weisheitsgeschichte

Ein alter Rabbi reiste viele Jahre durch Stadt und Land, um zu predigen und zu lehren. Er wurde dabei immer von seinem treuen Kutscher begleitet, der Pferd und Wagen aufs Beste versorgte und bei Regen und Kälte oft bis in die Nacht hinein geduldig auf seinen Herrn wartete. Eines Tages sagte der Rabbi zum Kutscher:

»Du begleitest mich nun schon so lange, du hast so oft auf mich in der letzten Reihe gewartet, inzwischen kennst du die Lehre genauso gut wie ich. Komm, heute tauschen wir die Rollen, das wird gar keiner merken. Du nimmst meinen Umhang und ich nehme deinen, und du hältst für mich den Vortrag, während ich die Pferde versorge. Heute warte ich, bis du fertig bist.« Der Kutscher hielt einen wunderbaren Vortrag und regte seine Zuhörer zu vielen Fragen an. Der Rabbi saß in der letzten Reihe und hörte ihm höchst zufrieden zu. Doch dann stockte dem Rabbi plötzlich der Atem. Es wurde eine so komplizierte Frage gestellt, dass der Rabbi sofort wusste, dass sein Kutscher die Antwort nicht wissen konnte.

Der Kutscher hörte die Frage, sann ein wenig nach und sagte dann, mit einer Handbewegung in Richtung der letzten Reihe, zum Rabbi hingewandt: »Die Antwort auf diese Frage ist so einfach, die kann sogar mein Kutscher geben!«

Statt zweifelnden Gedanken Raum zu lassen, sollten Sie so früh wie möglich achtsam innehalten. Versehen Sie Ihre zweifelnden Gedanken mit einem Schild »Zweifel« und stellen Sie sie auf ein Nebengleis. Ganz gleich, wie oft die Zweifel durch die Hintertür wiederkehren, diese innere Bewegung im Geist: Gedanken erkennen, benennen und mit Nichtachtung strafen, wiederholen Sie geduldig, wieder und wieder. So verkümmern Zweifel mit der Zeit. Um dahin zu kommen, müssen Sie stets aufs Neue dem Zweifel begegnen und ihn entkräften, bis er mehr und mehr aus Ihrem Leben verschwindet. Wenn Sie jedoch feststellen, dass der Zweifel sich hartnäckig hält, sich nicht wegstellen, geschweige denn auflösen lässt, müssen Sie noch einmal genauer hinschauen. Es ist wichtig herauszufinden, warum wir uns im Zweifelsfall nicht entscheiden können, was wir davon haben, wenn wir in der gegenwärtigen Lebenssituation stecken bleiben.

Veränderungen zulassen

Weshalb verweilen wir in Situationen, die auf vielerlei Weise schmerzhaft sind und nach Veränderung schreien? Gewohnheiten wirken wie ein Korsett, das uns durch den Alltag trägt. Ist es wirklich so gefährlich, auf eine dieser Gewohnheiten zu verzichten? Brauchen wir die Opferrolle, das Mitleid der anderen wirklich noch? Was würde es bedeuten, niemanden für schuldig zu erklären, die volle Verantwortung für das eigene Handeln zu übernehmen und einen Schritt in eine neue Richtung zu wagen? Wenn Sie vor solchen tief greifenden Fragen stehen, ist es sinnvoll, sich viel Zeit zum MEDITIEREN zu nehmen. Durch Meditation wächst das Selbstvertrauen. Die Anleitung dazu finden Sie in der Übung auf Seite 51.

Auch Klarheit stellt sich ein, wenn Sie sich genügend Raum geben. Sie erkennen vielleicht, dass Angst den Zweifel nährt. Machen Sie dann die Übung auf Seite 28. Je mehr Sie Ihre Angst akzeptierend erkennen, desto besser kann sich der Zweifel lösen. Das Wort Angst hat seine Wurzeln in dem Begriff Enge. Enge und Zweifel gehen Hand in Hand.

Kann sich die Enge durch Akzeptanz in Raum verwandeln, wird der Zweifel dadurch direkt beeinflusst. Entscheidungen zu fällen heißt, eine Sache abzuschließen, loszulassen, Wandel zu erlauben und darauf zu vertrauen, dass der Schritt ins Neue zum eigenen Besten ist. Wer sich nicht verstrickt in Mögen und Nicht-Mögen, entgeht dem Zweifel eher.

Es hilft, weder für noch gegen etwas zu sein. Je mehr man an Gegensätzen festhält, umso stärker wird Zweifel genährt. Wer zum Zweifel neigt, sollte sich darin üben, das Entweder-Oder im eigenen Denken immer durch ein »Und« zu ersetzen. Wir sind alle genug damit beschäftigt, Fremdheiten, Anderssein und Unterschiede zu betonen. Im Zweifelsfall sind die INTEGRIERENDEN LÖSUNGEN besser als die ausschließenden. Sie zweifeln, ob Sie die Nachbarn mit zu Ihrem Gartenfest einladen sollten? Integration heißt: Ja! Sie zweifeln, ob Sie Ihrem Kind erlauben sollten, mit Freunden allein in die Ferien zu fahren? Integration heißt: Kontakt in jeder Hinsicht fördern. Hören Sie auf Ihr Herz, vermutlich hat es eine größere Bereitschaft zur Einbindung gegensätzlicher Kräfte als der Verstand.

Wenn Sie in sich die Bereitschaft verspüren, die Minuten der Achtsamkeit am Morgen und am Abend zu vertiefen, können Sie die folgende Atem-Achtsamkeitsübung regelmäßig in Ihren Tagesablauf einbauen. Es handelt sich um eine Meditationsübung, die Ihnen hilft, einen sicheren Zugang zu Ihren inneren Räumen, zu Ihrem Herz und Geist, zu finden. Diese Meditationsanleitung ist noch ausführlicher in meinem Meditationsbuch beschrieben (→ Anhang Seite 156).

Erlaubt es Ihre Zeit nicht, täglich Atem-Meditation zu üben? Auch wenn Sie diese Übung nur einmal wöchentlich durchführen, können Sie die Achtsamkeitsübungen beim Aufstehen und vor dem Einschlafen durch bewusste Wahrnehmung Ihres Atems ergänzen.

Ihre Achtsamkeits-Praxis enthält nun also drei Elemente: Kurz-Übung am Morgen und am Abend, Momente des achtsamen Innehaltens tagsüber und Zeiten von formeller Atem-Meditation.

Die Atem-Meditation

Zum Meditieren brauchen Sie einen ruhigen Ort. Schalten Sie den Anrufbeantworter ein und sorgen Sie dafür, dass Sie ungestört bleiben. Beginnen Sie mit zwanzig Minuten, die Sie später ausdehnen auf dreißig Minuten, sobald Sie genügend Sicherheit beim Üben gewonnen haben. Stellen Sie sich eine Uhr.

→ Wählen Sie eine Sitzposition, die Ihnen eine entspannte, aufrechte Körperhaltung ermöglicht, in der Sie ruhig sitzen bleiben können.

→ Schließen Sie die Augen und spüren Sie einige Minuten die Bereiche des Körpers, die den Boden berühren.

→ Vom Boden her weiten Sie Ihre Achtsamkeit auf den ganzen Körper aus. Nehmen Sie wahr, welche Empfindungen Sie in Ihrem Körper spüren.

→ Wo können Sie im Körper Bewegung wahrnehmen?

→ Nehmen Sie die Bereiche im Körper wahr, wo Sie die Atembewegung fühlen, und wählen Sie einen Bereich aus, wo die Atembewegung besonders deutlich wird.

→ Bleiben Sie von nun an mit der Atemwahrnehmung in diesem Bereich. Kehren Sie immer wieder mit Ihrer Aufmerksamkeit hierher zurück und fühlen Sie in dem ausgewählten Bereich das Ein- und Ausströmen des Atems, wach und entspannt zugleich!

→ Versuchen Sie nicht, Ihren Atem zu verändern, lassen Sie ihn kommen und gehen, so wie er in diesem Moment ist.

→ Es ist ganz natürlich, dass Gedanken Sie weglocken von der Atem-Achtsamkeit. Sobald Sie bemerken, dass Ihre Achtsamkeit nicht mehr beim Atem ist, lassen Sie die Gedanken los und kehren zurück zum Spüren des Atems.

→ Sie können sich bei der Übung unterstützen, indem Sie im Einklang mit der Atembewegung unhörbar innerlich »einatmen, ausatmen« sagen oder einfach »ein, aus« – so halten Sie die Aufmerksamkeit beständiger beim Atem.

Verschaffen Sie sich Klarheit und Überblick

Statt die Gedanken zwischen den Mühlrädern des kleinen oder großen Zweifels zu mahlen, sammeln Sie lieber Informationen, die Ihren Verstand stärken. Fragen Sie sich: Welchen Nutzen hätte diese Entscheidung für mich, und was kostet sie mich? Forschen Sie nach Expertenmeinungen. Welche Themen liegen Ihrem Zweifel zugrunde, wer hat darüber nachgedacht, geschrieben? Vertrauen Sie darauf, dass mit zunehmender Ergründung der Themen eine Lösung sichtbar werden wird. Richten Sie Ihre Gedanken auf die Frage: Was brauche ich, um vertrauen zu können? Welche Sicherheit, welcher Schutz kann meine Entscheidung begleiten, egal, wie sie ausfällt? Das heißt auch, sich zu fragen: Was brauche ich, um das Vertrauen zu entwickeln, dass alle Entscheidungen, die ich treffe, in meinem Leben eine sinnvolle Bedeutung haben, auch wenn ich das jetzt nicht gleich erkennen kann?

Wenn Sie das Gefühl haben, dass Ihnen der Boden unter den Füßen entgleitet, unterstützen Sie sich, indem Sie täglich kleine Schritte machen, die Ihr Selbstvertrauen untermauern und Ihr Selbstwertgefühl stärken. Spüren Sie eine AKTIVE INNERE VERBINDUNG zu sich selbst und schirmen Sie sich nicht ab von Ihren inneren Empfindungen.

Erinnern Sie sich an andere Lebenssituationen, in denen Sie klar und kraftvoll gehandelt haben. Erinnern Sie sich an Momente in Ihrem Leben, in denen Sie Ihrer Intuition vertraut haben.

Vielleicht möchten Sie gerade jetzt häufiger die Wahrheit sagen, aufrichtiger sein, ohne andere jedoch unnötig vor den Kopf zu stoßen? Vielleicht möchten Sie mehr Zeit alleine verbringen? Vertrauen und Achtung vor sich selbst entstehen dadurch, dass Sie in Übereinstimmung mit Ihrem innersten Wissen handeln und dafür auch bereit sind, ein Risiko auf sich zu nehmen.

Intuitive Antwort auf Zweifel suchen

In dieser Übung lernen Sie einen Ort im Geist kennen, der Ausblick auf Neues gewährt. Sie können diese und die Übung auf Seite 44 direkt nacheinander machen.

→ Nehmen Sie sich zehn Minuten Zeit, in der Sie ganz ungestört sind.

→ Setzen Sie sich entspannt hin und schließen Sie die Augen.

→ Vergegenwärtigen Sie sich die zwei Lösungsmöglichkeiten, zwischen denen Sie sich nicht entscheiden können.

→ Stellen Sie sich vor, Sie befinden sich in einem Raum mit zwei Türen. Jede Tür ist ein Symbol für eine dieser Lösungsmöglichkeiten. Halten Sie so viel Abstand, dass Sie beide Türen gleichzeitig vor Ihrem inneren Auge sehen können.

→ Wählen Sie nun die erste Lösungsmöglichkeit aus und sagen Sie innerlich klar und deutlich zu sich selbst: »Eine Möglichkeit, die ich sehe, lautet ...« (Vollenden Sie den Satz im Stillen.)

→ Spüren Sie, wie es sich in Ihrem Körper anfühlt, wenn Sie an diese Lösungsmöglichkeit denken, und stellen Sie sich genauestens vor, wie die linke Tür aussieht, die zu dieser ersten Lösung gehört.

→ Dann wählen Sie die zweite Lösungsmöglichkeit aus und sagen sich innerlich klar und deutlich: »Die zweite Möglichkeit, die ich sehe, besteht darin ...« (Vollenden Sie den Satz im Stillen.)

→ Spüren Sie, wie es sich in Ihrem Körper anfühlt, wenn Sie an diese Lösungsmöglichkeit denken, und stellen Sie sich genauestens vor, wie die rechte Tür aussieht, die dieser zweiten Lösung entspricht.

→ Sehen Sie nun in dem Raum wieder beide Türen vor Ihrem inneren Auge. Entscheiden Sie sich intuitiv, durch welche Sie gerne gehen möchten.

→ Wie fühlt es sich an, diese Tür zu öffnen? Wie ist der erste Eindruck von dem Raum, der sich dahinter für Sie öffnet? Kann er bei Ihrer Entscheidung helfen?

Inseln der Ruhe
im Alltag
finden

→ Unruhe heißt das Hindernis, das im Zentrum des folgenden Kapitels steht. Sie erfahren, wie sich der Unruhe-Geist zeigt und wonach er sich sehnt – er möchte nur angenehme Erfahrungen machen und ist deshalb permanent auf der Flucht vor allem, was unangenehm sein könnte. Mit Geduld und Entschiedenheit können Sie dem Unruhe-Geist entgegenwirken.

Die Herausforderung:
Unruhe

Wann haben Sie zum letzten Mal einen Brief geschrieben? Ich meine keine E-Mail, sondern einen mit der Hand auf Papier verfassten Brief, den die Post befördert hat oder den Sie persönlich überreichten, als i-Tüpfelchen zu einem Geschenk. Es kostet Zeit, einen solchen Brief zu schreiben. Oft gelingt es nicht im ersten Anlauf. Gehören Sie zu den Menschen, die Zeit haben? Laut Untersuchungen leidet jeder Zweite an Stress. Schon das Wort klingt unangenehm, nach Druck und ZEITNOT. Fast könnte man glauben, Stress sei eine Erfindung unserer Epoche. Aber das ist ein Irrtum. Bereits Buddha hat erkannt, dass die Unruhe eines der entscheidenden Fünf Hindernisse ist, die wir aus dem Weg räumen müssen, um zu uns selbst zu finden. Die innere Unruhe bedrängt zu allen Zeiten und in jeder Kultur den Geist, auch wenn wir manchmal meinen, in unserem Urlaubsland hätten die Leute viel mehr Zeit und Ruhe als bei uns daheim.

Unter dem Einfluss begehrender Triebkräfte werden unsere Wahrnehmungsprozesse beschleunigt und aufgewühlt. Ständig regt sich in uns Verlangen nach angenehmen Erfahrungen und Abwehr gegen Unangenehmes (→ Seite 21 und Kapitel 5). Je mehr sich Wünsche und Widerstände in uns aufbauen, umso unruhiger werden wir. Der Drang, etwas zu tun, verselbstständigt sich, er wird fast zum Zwang, und wir können ihm immer schwerer entrinnen, wenn wir uns nicht beizeiten dagegen abgrenzen.

Ich habe keine **Zeit** zu hetzen.

[Henry David Thoreau | *amerikanischer Schriftsteller (1817–1862)*]

Die eigene Unruhe erfahren

Die Atem-Achtsamkeitsmeditation, die ich im letzten Kapitel (→ Seite 51) vorgestellt habe, ist eine Einladung, für eine halbe Stunde aus der Unruhe des Alltags auszusteigen. Viele Menschen – das erlebe ich bei meinen Seminaren immer wieder –- mögen sich jedoch gar nicht zur Meditation hinsetzen, weil sie dann ihre Unruhe noch deutlicher spüren. »Es macht mich ganz verrückt, jetzt auch noch still zu sitzen«, sagen sie. »Lieber gehe ich laufen oder schaue mir einen guten Film an.«
Die Reizreduktion, die Meditation mit sich bringt, scheint manchen Menschen unerträglich. Doch die Ablenkung von der Unruhe bringt keine dauerhafte Beruhigung mit sich, wenn dadurch – wie etwa beim Fernsehen – die Sinne weiter angeregt werden. Erst wenn wir den Zusammenhang von Unruhe und Überreizung durchschauen, kann dieses Hindernis gemeistert werden. In unserer Zeit des ständigen Eilens von Termin zu Termin ist es schon eine Herausforderung, sich Zeit zum intensiven Spüren zu nehmen und zur Ruhe zu kommen.
Mir wird das besonders deutlich, wenn Menschen zum ersten Mal zu einem meiner Schweige-Meditationskurse anreisen. Die meisten Seminarhäuser liegen in ländlicher Stille, die für umtriebige Städter anfangs schwer zu ertragen ist. Wenn keine äußeren Ablenkungen die Aufmerksamkeit fordern, spüren sie plötzlich das Gezappel im Inneren und möchten Reißaus nehmen. Es ist einfach unangenehm, mit der eigenen Spannung und Unruhe konfrontiert zu werden. Nicht umsonst versuchen deshalb viele Menschen, genau diese Empfindungen zu vermeiden. Meditationskurse aber zeichnen sich dadurch aus, dass man sich der Erfahrung stellt, für die im Alltag keine Zeit bleibt. Um dieser Überdosis an Stille und Achtsamkeit zu entgehen, erfinden die Teilnehmer Anlässe für dringende Erledigungen, die sie zum Telefonieren zwingen oder eine Autofahrt erforderlich machen. Einfach in der Stille achtsam anwesend zu sein, erscheint ihnen unmöglich.

2

> **Alles Unglück der Menschen stammt von einem:**
> **nämlich, dass sie unfähig sind,**
> **in Ruhe allein in ihrem Zimmer bleiben zu können.**

[Blaise Pascal | *französischer Philosoph (1623–1662)*]

Anfangs ist es eben auch in der Meditation so, dass wir die Unruhe auf allen drei Ebenen – im Körper, in den Gefühlen und im Denken – noch deutlicher erfahren und uns gar nicht zu helfen wissen. Bevor ich jedoch in der zweiten Hälfte dieses Kapitels Lösungsmöglichkeiten für den Unruhe-Geist vorstelle, soll er in den folgenden Abschnitten noch genauer erforscht werden.

Der Körper spiegelt den Unruhe-Geist

Wenn ich in Zeitnot bin, spüre ich – bei entsprechender Achtsamkeit –, dass ich ein Stückchen vor mir selbst herlaufe. Getrieben vom Unruhe-Geist kann ich nicht innerhalb meiner eigenen Körper-Umrisse verweilen. In Gedanken eile ich planend voraus und verliere mich mit jedem Schritt. Sobald ich das bemerke, versuche ich, immer noch im schnellen Gehen, die Aufmerksamkeit erst einmal in die Füße zu lenken und den Boden klar zu spüren. Dann stelle ich mir vor, dass ich mich in meiner Haut innerlich zurücklehne, um mich nicht herauslocken zu lassen aus meiner Form. Ich schmiege mich mit meiner Aufmerksamkeit von innen her an meinen Rücken an. Wenn ich so die Grenzen meines Körpers spüre, komme ich zu mir und befinde mich wieder im HIER UND JETZT. Sobald das gelingt, kann ich aufatmen. Ich laufe zwar immer noch so schnell wie zuvor, doch das achtsame Hinspüren erlaubt mir, wacher bei mir selbst zu bleiben.

Es ist typisch für den unruhigen Geist, dass wir uns selbst verloren gehen. Bei allen Anforderungen bleibt kein Raum zur Selbstwahrnehmung. Auch dem Körper ist kein Entspannen möglich. Verdauungsstörungen und Schlaflosigkeit, Rückenschmerzen und Hautprobleme sind nur einige der Störungen, die auf der körperlichen Ebene durch Unruhe hervorgerufen werden. Aber sogar um körperliche Probleme auf einer umfassenderen Ebene zu verstehen, fehlt vielen Menschen die Zeit und innere Entschlossenheit. Stress-Patienten hasten beim Arzt vorbei, um sich Medikamente zu besorgen. Sie wollen schnelle Lösungen haben und verzichten darauf, in sich hineinzuhorchen, zu spüren und zu fühlen, denn das würde zu viel Zeit brauchen. »Woher soll ich die Zeit dafür nehmen?« fragen sie verzweifelt, »ich schaffe es doch kaum, meine dringendsten Aufgaben zu erfüllen.« Ihr ganzer Körper vermittelt Getriebensein. Fahrige, nervöse Bewegungen, Augenzucken – all das zeigt, wie erregt der Geist ist.

Unruhe und schwierige Gefühle

Ablenkung ist eine beliebte Methode, um unangenehme Gefühle nicht zu spüren. Wir nehmen die Aufmerksamkeit von einem unangenehmen Gefühl fort, suchen interessantere Reize und wundern uns, wenn sich auf einmal in allen Erfahrungen ein vages Gefühl von Getriebensein zeigt. Schon vor dreißig Jahren schrieb der Sozialpsychologe und Psychoanalytiker Erich Fromm: »Wie viele Fälle sehen wir im Leben, wo die Menschen wie verrückt arbeiten, und in Wirklichkeit erkennt man, dass die Angst sie treibt. Wir sind eine Gesellschaft notorisch unglücklicher Menschen: einsam, von Ängsten gequält, deprimiert, destruktiv, abhängig – Menschen, die froh sind, wenn es ihnen gelingt, die Zeit totzuschlagen, die sie ständig zu sparen versuchen.«

Unruhe verdeckt oft Gefühle, mit denen wir noch nicht im Reinen sind. Wenn wir uns zum Beispiel Wut oder Neid verbieten, lösen diese verbotenen Gefühle dennoch Handlungsimpulse aus, die bruchstückhaft zum Ausdruck kommen. Das fühlt sich an wie losgehen und sich gleich wieder bremsen und wirkt aufwühlend und anstrengend zugleich. Impuls und Gegenimpuls BLOCKIEREN einander im inneren Raum, weil wir uns kein Verweilen in der schwierigen Erfahrung erlauben. Durch dieses innere Hin und Her wird der unruhige Geist angefeuert. Wir fühlen uns immer mehr getrieben, können nicht einmal mehr schlafen, suchen verzweifelt nach Möglichkeiten zum Loslassen. Vielleicht fühlen wir uns zu schwach, überfordert, um uns den Schwierigkeiten zu stellen. Doch wenn wir versuchen, das unangenehme Gefühl zu vermeiden, kommen wir nie zu einer Lösung. Unruhe wirkt wie ein schleichendes Gift, das alles durchdringt und zersetzt.

So wirkt Unruhe im Geist

Bei einer Urlaubsreise werden die meisten Menschen kurz vor der Abfahrt vom Unruhe-Geist erfasst. Die Koffer stehen zum Abtransport bereit. Das Taxi wartet schon vor der Haustür. Da fragt sich Ihr Ehemann plötzlich, ob auch die Unterlagen für die Auslandskrankenversicherung eingepackt sind. In Windeseile zerrt er die kleine Dokumentenmappe aus dem Koffer und schaut nach. Der Taxifahrer hupt. Sie versuchen, die Ruhe zu bewahren, und gehen in Gedanken noch einmal alles durch: Die Blumen sind versorgt, den Mülleimer haben Sie geleert, einen Briefumschlag mit Hausschlüssel werfen Sie gleich bei den Nachbarn ein. Ja, es kann losgehen. Aber dem unruhigen Geist stoßen immer wieder neue Fragen auf. Während Sie schon im Taxi sitzen, möchten Sie von Ihrem Mann wissen: »Hast du auch den Hahn von der Waschmaschine zugedreht?« Er nickt. Sie kennen schon die kleinen Schweißperlen, die auf seinen Nasenflügeln in Stress-Situationen schimmern. »Und der Stecker vom Fernseher? Die Zeitschaltuhr?« Dauernd nimmt der Unruhe-Geist neue Anläufe, die Sie verunsichern.

In Unruhe kann sich nichts setzen, nichts aus sich selbst heraus gedeihen. Unruhe zerrt am Nervenkostüm. Wenn der Unruhe-Geist mehrere Menschen gleichzeitig erfasst, schlagen die Wellen hoch. Es ist kein Wunder, wenn es dadurch zu Auseinandersetzungen kommt. Am Abfertigungsschalter im Flughafen brauchen die Mitarbeiter besonders viel Gelassenheit. Haben Sie schon einmal Passagiere beobachtet, die beim Einchecken erfahren, dass sie Übergepäck haben? Eine Freundin von mir hat in ihrer Verzweiflung viele teuer erstandene Kunstkataloge in den nächstbesten Papierkorb geworfen. In ihrer Aufregung schien ihr dies die einzige Lösung zu sein.

Mit Achtsamkeit durch den Alltag zu gehen bedeutet immerzu im KONTAKT mit Menschen und Dingen bewusst zu erfahren, welchen inneren und äußeren Raum wir miteinander teilen, wie wir zueinander stehen, ob Respekt und Achtung unser Handeln begleiten.

Wenn wir mit dieser Haltung unseren Mitmenschen begegnen, fühlen wir uns auch betroffen von ihrem Stress, wir möchten helfen. Ehe wir es merken, übernehmen wir schon ihren hastigen Atemrhythmus, ihr flattriges Huschen und sind selbst eingetaucht in den Unruhe-Geist.

Es ist schwer, in Gegenwart eines unruhigen Menschen selbst zur Ruhe zu kommen, denn Unruhe ist ansteckend. Sie breitet sich im Raum aus wie ein Geruch, der bis in die kleinsten Ecken dringt. Wenn Sie mit einem unruhigen Menschen zusammenleben oder -arbeiten, brauchen Sie Kraft und Klarheit, um sich vor den Auswirkungen der Unruhe zu schützen.

2

Jeder Moment von Achtsamkeit
ist eine Bekräftigung für das Leben.
Jeder Moment von Achtsamkeit zählt.

[Jack Kornfield | *amerikanischer Meditationslehrer*]

Je länger Sie mit einer unruhigen Person zusammen sind, je erregter Sie auf Gesprächsangebote eingehen, desto stärker werden auch Sie erfasst von einer hohen Vibration, die Sie aus dem Gleichgewicht bringt, ganz gleich, wie sicher Sie sich vorher in Ihrer eigenen Ruhe gefühlt haben. Umso wichtiger ist es, dass Sie sich erinnern: Jeder ist verantwortlich für seinen eigenen Schutz. Ein Zuviel an Erregung ruft nach deutlicher Abgrenzung, ohne dass damit unsere Hilfsbereitschaft eingeschränkt werden muss. Wenn Sie bemerken, dass Ihre Kollegin sich überfordert, können Sie unterstützend eingreifen, indem Sie ihr Arbeit abnehmen, in ihr Klagen aber nicht einstimmen. In Bürogemeinschaften schaukeln sich Kollegen oft noch gegenseitig in ihrer Unruhe auf, anstatt ihr durch gezieltes Handeln entgegenzuwirken. Unruhe wirkt in Gruppen ganz ähnlich wie auf den Einzelnen.

Im ersten Kapitel habe ich bereits aus den unfreiwillig komischen Briefen an eine Schweizer Versicherung zitiert. Hier wieder zwei Beispiele, die den Unruhe-Geist deutlich zeigen: »Ich fuhr durch die Au. Plötzlich kamen von links und rechts mehrere Fahrzeuge. Ich wusste nicht mehr, wohin, und dann krachte es vorne und hinten.« Oder: »In hohem Tempo näherte sich mir die Telegraphenstange. Ich schlug einen Zickzackkurs ein, aber dennoch traf mich die Stange am Kühler.«

Den Unruhe-Geist benennen

Nun haben Sie erfahren, wie der Unruhe-Geist im Körper wirkt, wie er unsere Gefühle und Gedanken beeinflusst. Wie bei allen Hindernissen ist es wichtig, uns zunächst daran zu erinnern, dass wir die Unruhe erkennen und benennen müssen. Wenn Sie also mitten in der Abreise-Situation zu sich selbst sagen können: »Da ist er, der Unruhe-Geist, so genau habe ich ihn noch nie gespürt«, dann lösen Sie sich schon ein wenig aus seinem Zugriff. Die folgende Übung soll Ihnen dabei helfen, diese WAHRNEHMUNGSFÄHIGKEIT zu erlangen.

Den Unruhe-Geist erkennen

→ Sorgen Sie dafür, dass Sie nicht gestört werden, und nehmen Sie sich etwa eine halbe Stunde Zeit, um das Hindernis Unruhe in Ihren Lebensabläufen aufzuspüren.

→ Schreiben Sie die beiden folgenden Satzanfänge in Ihr Notizbuch und vollenden Sie die Sätze spontan, ohne langes Nachdenken.

● Unruhe zeigt sich bei mir durch...

● Ich werde unruhig, wenn ich...

● Wenn ich unruhig bin, dann...

→ Schreiben Sie zu jedem Satzanfang mindestens fünf – oder mehr – verschiedene Varianten der zweiten Satzhälfte.

→ Benennen Sie Körperreaktionen und Gefühle so, wie sie Ihnen gerade einfallen.

Beispiele:

● Ich werde unruhig, wenn ich mich überfordert fühle.

● Ich werde unruhig, wenn meine Hose zu eng sitzt.

● Wenn ich unruhig bin, dann komme ich unter Spannung und spüre starken Druck im Brustbereich.

● Wenn ich unruhig bin, wende ich mich innerlich ab, höre nicht mehr zu, überlege, wie ich aus der Situation entkommen kann.

→ Es folgen noch einmal drei unterschiedliche Satzanfänge, die Sie vollenden können. Diese Formulierungen lenken Ihre Aufmerksamkeit auf die unterschiedliche Intensität von Unruhe. Schreiben Sie auch hier so viel, wie Ihnen einfällt.

● Leichte Unruhe zeigt sich bei mir in Form von...

● Deutliche Unruhe zeigt sich bei mir in Form von...

● Starke Unruhe zeigt sich bei mir in Form von...

2

Wege aus der Unruhe:
Geduld und Entschiedenheit

Wenn ich von einer Reise heimkehre, bin ich oft sehr unruhig. Mir ist, als würde sich mein Körper noch weiter bewegen, obwohl ich schon zu Hause bin. Alles dreht sich in mir, ich möchte mich ablenken, zerstreuen, mit Freundinnen telefonieren, Essen gehen, fernsehen. Mit der Zeit habe ich gelernt, eine Form des Ankommens zu entwickeln, die es mir ermöglicht, Ruhe zu finden. Dazu gehört es zum Beispiel, möglichst bald einen kleinen Spaziergang um den Block zu machen, die Wohnung zu putzen, Blumen zu kaufen und es mir schön zu machen. Ich verlocke mich zum Ankommen, zum Verweilen, zum Rasten. Inzwischen weiß ich, was ich brauche, um den Übergang von der permanenten Reizüberflutung in die Stille meines Zuhauses angenehm zu gestalten.

Für alle unruhigen Geister stellt sich die Frage: Wie kann ich diesen Zustand lösen, welche Schritte führen in die Entspannung und innere Sammlung, wo ist ein Platz zum Verweilen, an dem sich Erlebnisse und Erfahrungen in mir setzen können? Rituale und Orte der Besinnung werden in unserer von Stress geprägten Gesellschaft dringend gebraucht.

Momente des Innehaltens finden

Unser Geist braucht einen Ort, der zum Bleiben einlädt. Menschen und Dinge möchten ihren Platz in unserem Leben finden, Raum haben, um sich zu entfalten und angenommen zu werden. Raum bringt Ruhe mit sich, Enge dagegen bringt Unruhe. Halten Sie also Ausschau nach INSELN DER RUHE im Alltag. Gibt es Momente des Innehaltens, die Sie ausdehnen und verstärken können?

Eine gute Möglichkeit des Innehaltens, die Sie jederzeit zur Verfügung haben, ist bewusstes Ausatmen. Das wiederholte Innehalten im Tagesablauf sollte ja zum alltäglichen Bestandteil Ihrer Achtsamkeitsübung (→ Seite 13) werden. Wenn Sie sich rastlos fühlen, schenken Sie Ihrem Atem Aufmerksamkeit und lassen Sie ihn extra lange herausfließen, bis die Lungen vollständig leer sind und das Einatmen ganz von selbst kommt. Zwei, drei BEWUSSTE ATEMZÜGE dieser Art setzen schon einen ausgleichenden Akzent. Aus der Atempause entwickelt sich vielleicht die Gelegenheit, sich für eine Tasse Tee hinzusetzen, fünf Minuten lang gar nichts zu tun, nur eben innezuhalten, bewusst zu hören, zu riechen und zu schmecken. Spüren Sie den Atem, Ihren Körper, vertiefen Sie sich in den gegenwärtigen Moment. Noch mehr intensivieren Sie die ausgleichende Erfahrung, wenn Sie sich tatsächlich zur Meditation hinsetzen und sich eine halbe Stunde Zeit nehmen, um sich tiefer zu entspannen, und dabei dem ruhigen Kommen und Gehen des Atems folgen (→ Übung Seite 51).

INFO

Umgang mit Schwierigkeiten

Ein buddhistisches Prinzip im Umgang mit Schwierigkeiten lautet: Erkennen, benennen, ausgleichen, loslassen. Erkennen heißt: »Ich leugne nicht. Ich erkenne mit offenen Augen, was geschieht.« Benennen heißt: »Meine Erfahrungen sind nicht blass und verschwommen, nein, ich bin in der Lage, mir selbst innerlich zu sagen, was ich wahrnehme. Ich kann meinen Erfahrungen Namen geben.« Ausgleichen heißt: ein gesundes Gegengewicht setzen, nicht das extreme Gegenteil tun, sondern die Mitte anpeilen, ausbalancieren. Loslassen heißt: sein Wohl und Wehe nicht abhängig machen von diesem Problem und nicht glauben, dass alles so sein muss, wie ich es will.

Geduld und Zielstrebigkeit entwickeln

Vielleicht haben Sie schon bemerkt, dass Sie in den ersten Wochen nach dem Urlaub vieles gelassener nehmen – gut erholt ist ein innerer Abstand zum Alltag da. Wenn die Erholung aufgebraucht ist, verflüchtigt sich die wohltuende Wirkung. Je weiter der Urlaub zurückliegt, desto mehr brennen uns die alltäglichen Aufgaben wieder auf den Nägeln. In der buddhistischen Psychologie heißt es: Die Identifikation nimmt zu – wir haben keinen inneren Raum, immer enger wird unsere Vorstellung davon, dass alles so sein muss, wie das ICH es will. Diese Vorstellung muss erfüllt werden, koste es, was es wolle. Unsere Erwartungen und Verpflichtungen nehmen einfach kein Ende. Gerade haben wir etwas erledigt, da steht schon die nächste Aufgabe vor der Tür. Wann nehmen wir uns die Zeit, um in Ruhe bei uns selbst anzukommen und zu schauen, was wirklich wichtig ist?

Als Gegengewicht zum aufgewühlten Geist brauchen wir Geduld. Der Geduldige begegnet der Realität offen und mit weichem Herzen.

Weisheitsgeschichte

Der tibetische Meister Atisha, ein bedeutender Reformer des Buddhismus, lebte etwa 900 n. Chr. Er hatte einen indischen Diener, der sich ihm gegenüber sehr respektlos und verächtlich verhielt. An allem hatte er etwas auszusetzen. Mit seiner unablässigen Nörgelei machte er den anderen Schülern Atishas das Leben schwer. Deshalb sagten sie zu ihrem Meister: »Schick ihn doch weg, entlasse ihn, er ist für dich und für uns nur ein Quälgeist!« Atisha antwortete: »Sagt das nicht! Ich bin froh, dass sich dieser Mann als Objekt für meine Geduldsübungen zur Verfügung stellt. Wie sollte ich diese Vollkommenheit üben, wenn ich ihn nicht hätte?«

Wenn Sie also wieder einmal von jemandem genervt werden, versuchen Sie zu denken: »Ich danke dir, dass du dich für meine Geduldsübungen zur Verfügung stellst.« Schlagartig verwandelt sich dadurch die Situation, Sie bekommen etwas Überblick, vielleicht DISTANZ, auch HUMOR stellt sich ein. Kürzlich bin ich selbst wutentbrannt aus einer Arztpraxis herausgestürmt, weil die Arzthelferin sich mir so querstellte. Erst draußen auf der Straße fiel mir der oben genannte Satz ein. Im selben Moment konnte ich mich entspannen und über mich und das Aufbauschen von Kleinigkeiten lachen. Manchen Menschen ergeht es so, dass ihnen schon der Gedanke an diesen Satz und die damit verbundene Dankbarkeitsübung einen Perspektivwechsel bringt.

»Die Geduld nicht **verlieren**, auch wenn es **unmöglich** erscheint, das ist Geduld.«

[Japanisches Sprichwort]

Im Umgang mit dem Unruhe-Geist erinnern wir uns daran, dass wir nicht mehrere Dinge gleichzeitig machen, sondern uns immer nur auf eine Aufgabe konzentrieren sollten. Lassen Sie sich von den Unruhe-Gedanken nicht einschüchtern und geben Sie ihnen keine Macht, sondern bleiben Sie bewusst bei einer Sache und bringen Sie diese zu Ende. Der unruhige Geist braucht klare Führung, Disziplin und liebevolles Verständnis. Wer zutiefst unruhig ist, wird in heftigen Unruhe-Zuständen manchmal am liebsten weglaufen wollen. Wenn Sie diesen Impuls in sich erkennen und ihm nicht nachgeben, wenn Sie spüren, dass die Unruhe gesteigert wird durch den Wunsch, die unangenehme Empfindung zu überdecken, dann können Sie bewusst mit dem Loslassen beginnen, es weiterführen und die Sammlung suchen.
Manchmal steigt die Unruhe gewaltig an, beispielsweise, wenn Sie eine Einladungsfeier geben. Sie haben schon alles fertig vorbereitet, es ist

noch eine halbe Stunde Zeit, bis die ersten Gäste kommen, doch der Unruhe-Geist scheucht Sie von hier nach da durch alle Räume. Das ist der Moment, in dem Sie mit aller Entschiedenheit sagen könnten: »Ich gebe der Unruhe nicht länger nach. Ich lege mich lieber noch einen Moment hin und entspanne mich mit Atem-Achtsamkeit.«

Der Unruhe-Geist sucht einen Ort zum Niederlassen

»Angenehmes Verweilen« ist gemäß der buddhistischen Psychologie das Heilmittel für den unruhigen Geist. Es gilt, einen Ort zu schaffen, eine Nische zu finden, wo sich der unruhige Geist setzen und wohl fühlen kann. Im Umgang mit dem Unruhe-Geist fragen wir uns zuweilen: »Was ist jetzt wohl am sinnvollsten? Soll ich mich zusammenreißen und disziplinieren oder soll ich geduldig und nachgiebig sein?« Diese Entscheidung ist schwierig. Klärend wirkt es, die MOTIVATION bewusst zu benennen und sich zu fragen: »Welche Absicht verfolge ich?« Bedrängt vom Unruhe-Geist möchten Sie vielleicht abends nach der Arbeit noch einmal die Wohnung verlassen. Ihnen fällt ein, dass Sie eine Freundin besuchen, dass Sie einen Teil des Wochenendeinkaufs erledigen oder auch im Fitness-Center an einem der abendlichen Kursangebote teilnehmen könnten. Alle Möglichkeiten erscheinen gleichermaßen sinnvoll. Sie erinnern sich aber, dass Beziehungen und Vorsorge für körperliche Gesundheit bei Ihnen Priorität haben. Ihre innere Absicht »Beziehungspflege« steht klar an erster Stelle. Also rufen Sie Ihre Freundin an und verabreden sich so geschickt, dass Sie auf dem Weg zu ihr auch noch ein paar Einkäufe erledigen können.

Angenehmes Verweilen kann für den Rastlosen vielerlei bedeuten. Was macht Ihnen Freude, welche Musik tröstet Sie, was könnten Sie lesen, anschauen, um wieder Zugang zu dem ruhigen Raum in sich selbst zu finden? Vielleicht lieben Sie Kreuzworträtsel, arbeiten gerne im Garten oder halten Zwiegespräche mit den Fischen im Aquarium. Yoga-Übungen, Singen, Meditation – all das, was Sie für die tieferen Schwingungen des Daseins öffnet, fällt unter »Angenehmes Verweilen.«

Der Unruhe-Geist braucht innere Sammlung

Zentrieren Sie den Unruhe-Geist, indem Sie Ihrem Geist eine sinnvolle Beschäftigung geben, die er nicht mittendrin abbrechen darf. Stellen Sie sich Aufgaben, die Sie erfüllen können, ohne sich zu überfordern. Steigern Sie die Anforderungen langsam, Schritt für Schritt. Die innere Zufriedenheit, die daraus entsteht, beruhigt den Geist. Wenn Sie bemerken, dass Sie zu viel fernsehen und dabei auch noch ständig zappen, werden Sie sicher den Unruhe-Geist erkennen. Ausgleichend wirkt die Entscheidung, einmal in der Woche einen Abend den Fernseher nicht einzuschalten. Oder aber Sie schauen täglich eine Stunde weniger fern. Vielleicht suchen Sie auch nur bestimmte Sendungen aus. Solche Vorhaben wirken zentrierend und beruhigend.

2

Sollte man keine Geduld lernen von der Natur,
Geduld lernen vom langsamen Aufsprießen des Korns,
vom Wachsen der Dinge –
sollte man sich selber für so ein heilloses Ding halten,
dass man nicht mehr zu wachsen glaubt?

[Vincent van Gogh | *niederländischer Maler (1853–1890)*]

Bevor Sie in der folgenden Übung Ihre Geduld erforschen, hier noch zur Einstimmung eine lehrreiche Geschichte zum Thema Geduld. In Asien war es früher üblich, dass Meditationsschüler sich bei ihrem Meister den Schülerstatus erkämpfen mussten. Noch im Burma der heutigen Zeit habe ich Geschichten gehört von jungen Männern, die sich einen Finger abhackten, um zu beweisen, wie ernst sie es meinten mit ihrem Wunsch, von einem bestimmten Meister als Schüler angenommen zu werden. Im Norden Burmas lebt gegenwärtig so ein »One-Finger-Master«. Manche Zen-Schüler in Japan verharrten tage- und wochenlang bei eisiger Kälte im Schnee vor dem Klostertor, bis ihnen Einlass gewährt wurde. Eine ganz andere Herangehensweise praktiziert Meister Dschau-dschou:

Weisheitsgeschichte

In das Kloster des weithin bekannten Zen-Meisters Dschau-dschou kam ein junger Mann, um Zen-Meditation zu üben. Zur Begrüßung fragte der Meister: »Bist du schon einmal hier gewesen? Hast du schon früher bei mir Zen geübt?«

»Nein«, antwortete der junge Mann. Dschau-dschou erwiderte: »Gut, dann setz dich erst einmal und trink eine Tasse Tee.«

Kurz darauf traf ein weiterer Schüler im Kloster ein. Auch er wurde von Dschau-dschou mit der Frage begrüßt: »Bist du schon einmal hier gewesen? Hast du schon früher bei mir Zen geübt?«

Der Schüler bejahte die Frage und berichtete, dass er bereits vor einem Jahr dieses Kloster besuchte. Dschau-dschou sagte daraufhin: »Gut, dann setz dich erst einmal und trink eine Tasse Tee.«

Der Klostervorsteher hatte beide Begrüßungen verfolgt und ging nun beunruhigt zu Dschau-dschou: »Meister – Ihr fragt die beiden jungen Männer, ob sie schon Erfahrung mit Meditation haben, der eine sagt nein, der andere ja, doch beide erhalten von Euch dieselbe Antwort. Das verstehe ich nicht!«

Dschau-dschou rief daraufhin: »Klostervorsteher! Setz dich erst einmal und trink eine Tasse Tee.«

Geduld erlernen

→ Nehmen Sie sich eine halbe Stunde Zeit und schreiben Sie in Ihr Notizbuch, wann Ihre Geduld besonders strapaziert und auf die Probe gestellt wird. Machen Sie sich eine Liste mit den Situationen, die Ihre Geduld im Alltag fordern.

→ Notieren Sie sich auch ein paar Körperempfindungen, die Ihnen zeigen, dass Sie zu wenig beziehungsweise genügend Geduld haben:

- Wenn ich ungeduldig bin, fühle ich...

- Wenn ich geduldig bin, spüre ich im Körper...

→ Schreiben Sie nun die Namen von Personen auf, die Ihre Geduld besonders beanspruchen.

→ Wählen Sie die schwierigste Person aus.

→ Setzen Sie diese Person vor Ihrem inneren Auge vor sich hin und sagen Sie zu ihr: »Ich danke dir, dass du dich für meine Geduldsübung zur Verfügung stellst.«

→ Wiederholen Sie diesen Satz mehrfach und spüren Sie, welche Auswirkungen Sie in Körper und Geist benennen können.

→ Schließen Sie die Übung ab mit dem Satz: »Wie gut, dass ich in meinem Alltag Möglichkeiten finde, meine Geduld zu üben.«

→ Üben Sie von nun an in Ihrem Alltag, Situationen zu erkennen und zu benennen, die Ihre Geduld fordern. Begrüßen Sie diese Situationen ausdrücklich: »Herrlich, schon wieder eine Gelegenheit, Geduld zu üben!«

→ Fragen Sie sich: »Wem kann ich dankbar dafür sein, dass er oder sie sich für meine Geduldsübung zur Verfügung stellt?« Wenn Sie niemanden finden, richten Sie Ihre Aufmerksamkeit auf einen Gegenstand, denn nicht immer ist ein Mensch der Auslöser für die Geduldsprobe. Manchmal stellt auch der Computer unsere Geduld auf eine harte Probe oder aber das Wetter. Wer oder was es auch sei: Versuchen Sie jede Geduldsprobe als Chance zu verstehen.

2

Begeisterung
wecken

→ Trägheit nennt die buddhistische Psychologie
den Geisteszustand, in dem wir in Gewohnheiten versinken und uns vor allem Neuen
fürchten. Sobald Sie dieses lähmende Hindernis erkennen, werden Sie dem Trott entkommen wollen. Sie beginnen, Ihre eigenen
Kräfte kontinuierlich und zielstrebig einzusetzen. Dadurch gewinnen Sie immer mehr
Selbstbewusstsein und freuen sich darüber,
wie Sie die Dinge in Bewegung bringen.

Die Herausforderung:
Trägheit

In den fünfziger Jahren waren Mandeloperationen modern. Als man mir die Narkosehaube aufgesetzt hatte, machte ich einen kindlichen Wettbewerb daraus, so lange wie nur möglich wach zu bleiben. Es dauerte wohl keine zwei Minuten, bis die Betäubung wirkte. Doch bis zum heutigen Tag erinnere ich mich an den Kampf zwischen meiner Willenskraft und dem Narkosegas. So zäh und langsam, wie man einen Löffel aus Sirup zieht, so entschwand auch mein Wille. Ich konnte zwar noch sehen und hören, was um mich herum geschah, aber ich war willenlos ausgeliefert und fühlte mich dabei höchst unwohl.

Die Herausforderung Trägheit kann ähnlich wie eine Narkose wirken. Trägheit schränkt unser waches Aufnahmevermögen erheblich ein. Sie ermüdet und betäubt. Es fehlt der Impuls, mit jemand in Kontakt zu treten. Wenn der Geist mit Trägheit erfüllt ist, wissen wir zwar, was richtig und sinnvoll wäre, doch wir können uns nicht aufraffen zu handeln. Diesen Mangel an Antriebskraft verbrämen wir mit diversen Ausreden: »Ich bin zu müde, ich fühle mich schwach und kraftlos, ich kann mich nicht konzentrieren, ich langweile mich, ich bin zu traurig…«

Drei Definitionen von Trägheit

In der christlichen Religion gilt Trägheit als Laster. Die Trägheit des Herzens und des Willens wird als eine der sieben Todsünden angesehen, wodurch sicher auch die ablehnende Haltung zur Trägheit in unserer Gesellschaft geprägt wurde. Heutzutage definieren wir Trägheit meist so, dass jemand keine Lust hat zu arbeiten, sich in keiner Weise anstrengen mag und aus Gewohnheit nur noch den bequemen Weg verfolgen möchte.

Neben der christlichen gibt es auch eine physikalische Definition von Trägheit. Das Gesetz der Trägheit (lex inertiae) lautet: »Ein ruhender Körper fährt fort zu ruhen, wenn nicht eine Ursache ihn bewegt, und ein bewegter Körper fährt fort, sich in gleicher Richtung und Geschwindigkeit zu bewegen, wenn nicht eine Ursache diese Richtung oder Geschwindigkeit ändert oder aufhebt.« Trägheit ist also die Beharrlichkeit, mit der ein Körper in Ruhe oder Bewegung verbleibt, solange keine gegensätzlichen Kräfte auf ihn einwirken. Trägheit bedeutet: Es wird keine Ursache für eine N E U E B E W E G U N G S R I C H T U N G geschaffen, nichts verändert sich.

Die physikalische Definition von Trägheit lässt sich durchaus auf das buddhistische Verständnis dieses Geisteszustands übertragen. Im Buddhismus gilt Trägheit als wesentliches Hindernis auf dem Weg zur Befreiung von Konditionierungen und Gewohnheiten – ein Hindernis, das in jedem Geist in unterschiedlichem Ausmaß vorhanden ist. Allein der Gedanke »Trägheit ist mir fremd, damit habe ich nichts zu tun«, ist schon Ausdruck von geistiger Trägheit. Die Buddhistische Lehre sagt: Die Trägheit des Geistes lässt zwar auch den Körper müde erscheinen, doch sie blockiert vornehmlich die Energie, die wir brauchen, um Erkenntnisprozesse einzuleiten, Gedanken als Gedanken zu erkennen und sie in Handlung umzuwandeln. Trägheit verhindert, dass wir mit dem Objekt unserer Aufmerksamkeit in Kontakt treten. Sie vermeidet die Berührung, die eine Bewegung auslösen könnte.

Wie wir Trägheit erleben

Auf allen drei Ebenen der achtsamen Wahrnehmung – im Körper, in Gefühlen und Gedanken – können wir Trägheit erkennen und benennen. Der Körper wird langsam und antriebslos, fühlt sich schwerfällig, schlaff, manchmal wie gelähmt an. Eingezwängt ins Korsett seiner Gewohnheiten, atmet der Träge flach und kraftlos. Auf meinen Reisen durch Indien wurde ich in vielen Institutionen mit Trägheit konfrontiert, denn das Land ist extrem bürokratisch organisiert. Ob in der Bank, auf der Post oder am Fahrkartenschalter, die Angestellten, deren Eigeninitiative scheinbar kaum gefragt ist, bewegen sich im Zeitlupentempo oder gar nicht, während die Kunden sich in endlos langen Schlangen in Geduld üben. Der amerikanische Ausdruck »Couchpotato« illustriert körperliche Trägheit ganz wunderbar – wie eine Kartoffel im Sofa hängen und dabei nichts wirklich wahrnehmen.

Der träge Mensch lebt am liebsten unter der Bettdecke und vergeudet seine Energien mit Nebensächlichkeiten, die ihn von der Erledigung vorrangiger Aufgaben abhalten. Auf der Gefühlsebene dominiert Lustlosigkeit, zuweilen auch ein dumpfer Trotz. Nichts macht Freude. Wozu aufstehen, wenn es kein Entrinnen gibt aus dem selbst fabrizierten Labyrinth von Gewohnheiten? Das Neue, das Unbekannte wirkt so bedrohlich, dass es besser nicht wahrgenommen wird.

> Einen neuen Schritt zu machen,
> ein neues Wort zu äußern,
> das ist es, was die Menschen am meisten fürchten.

[Fjodor Michailowitsch Dostojewski |
russischer Dichter (1821–1881)]

Dem Trägen mangelt es deutlich an SELBSTWERT. Je weniger Taten er vollbringt, desto unglücklicher wird er. Dennoch hat er hohe Erwartungen an sich selbst. Die Kluft zwischen seinem Anspruch und der Wirklichkeit vergrößert sich ständig. So fühlt er sich oft wie in einer Falle, gefangen im Netz seines Selbsturteils.

Die meisten Menschen in unserem Kulturkreis definieren ja ihre Bedeutung über ihre Arbeit oder allgemein ihr Tätigsein. Wir haben eine Vorstellung davon, in welcher Weise wir beschäftigt sein sollten, und sind entsprechend mit uns selbst zufrieden oder unzufrieden – je nachdem, was wir am Tag geschafft haben. Wie viel wir allerdings von uns erwarten oder verlangen, das ist von Mensch zu Mensch höchst individuell, abhängig von eigenen Möglichkeiten und Vorstellungen. Der alte Nasruddin zum Beispiel wollte sich endlich aus seiner Lethargie aufraffen und Flötespielen lernen. Er ging zum besten Lehrer in der Stadt und erkundigte sich, was der Flötenunterricht kostet. »Für die erste Stunde nehme ich einen Goldtaler, für die zweite einen Silbertaler«, sagte der Lehrer. Nasruddins Antwort: »Gut, dann nehme ich die zweite.«

Die eigene Art von Trägheit erkennen

Der träge Geist hat unendlich viele Spielarten, die sich auf die eine oder andere Weise in jedem von uns zeigen. Selten verkörpert ein Mensch Trägheit pur. Es ist unsere Aufgabe, AUFZUSPÜREN, wie sich bei uns persönlich Trägheit bemerkbar macht. Der eine möchte sich vielleicht in seinem Nest einigeln, wenn er zu gar nichts Lust hat, der andere dagegen fühlt sich zwar von Trägheit benebelt, müde und überfordert, erscheint dabei aber immer noch sehr aktiv.

Selbst wenn in Zeiten der Trägheit der Wunsch da ist, ein bestimmtes Ziel zu erreichen, reicht die Kraft oft nicht einmal aus, um loszugehen, geschweige denn wirklich anzukommen. Vielleicht wollen Sie schon seit langem Ihre ehemalige Lehrerin besuchen, aber Sie können sich einfach nicht aufraffen, sie anzurufen und einen Termin auszumachen. Wenn die Trägheit Oberhand gewinnt, wissen wir oft nicht, was uns wirklich am Herzen liegt. Das hat den Vorteil, dass wir dann auch nicht handeln und etwas verändern müssen. Stattdessen bleiben wir im Bett, sitzen vor dem Fernseher, essen und trinken viel, betäuben uns und unsere Lebenskräfte.

Es gibt immer so viel zu tun, dass die Prioritäten darin verloren gehen, zu lange haben wir alles vor uns her geschoben. Die Trägheit mogelt sich auch in einen sehr geschäftigen Alltag. Wir kommen einfach nicht dazu, den überfüllten Schreibtisch aufzuräumen oder auf die Nachrichten auf dem Anrufbeantworter zu reagieren. Bei genauem Hinschauen entdecken wir, dass wir tatsächlich die Hoffnung hatten, dadurch würde sich ein Problem von alleine lösen…

Unter dem Einfluss von Trägheit scheinen wir auch nicht genügend Energie zu haben, einen Konflikt auszutragen. Wir wollen das Risiko einer Auseinandersetzung gar nicht auf uns nehmen, und so sind wir dann schlechte Nein-Sager. Wer aber Spannungen und Auseinandersetzungen unbedingt vermeiden will, zementiert damit auch festgefahrene Lebenssituationen. Wenn wir mit Starrsinn am längst Überholten festhalten und uns an alltägliche Rituale klammern, ist auch das ein Zeichen von Trägheit: Immer zur selben Zeit den Fernseher anstellen; das wöchentliche Treffen zum Kartenspiel, auch wenn man sich schon lange nichts mehr zu sagen hat; beim Einkaufen im Supermarkt routinemäßig Waren in den Korb legen, auf die keiner in der Familie mehr Wert legt – Trägheit verhindert frisches Denken, verbündet sich schließlich mit Gleichgültigkeit und innerer Abwesenheit.

Wenn Gewohnheit lähmend wirkt

Kontinuierlich wiederkehrende Lebensabläufe geben uns Sicherheit und Vertrauen. Sie sparen Energie. Gewohnheiten sind also keinesfalls zu verachten. Wir alle brauchen sie und wissen sie zu schätzen. Das, was wir immer wieder tun, wird mit der Zeit leichter. Mit Routine wächst auch Kunstfertigkeit. Doch wenn Gewohnheiten zu Selbstläufern werden, wenn sie die Offenheit für neue Ergebnisse und Richtungsänderungen verhindern, dann wird es höchste Zeit, sie sehr aufmerksam zu betrachten. Viele Menschen betten sich in sichere Gewohnheiten, um zum Beispiel der Erfahrung von Vergänglichkeit auszuweichen. Von einer Bekannten weiß ich, dass sie sich mit ihrer Familie regelmäßig am

Sonntagnachmittag zum Kaffee trifft und dass dabei ausgiebig über die Nachbarn geplaudert wird. Keiner wagt jedoch darüber zu sprechen, welche Untersuchungsergebnisse der krebskranke Vater beim letzten Arztbesuch erhalten hat. Obwohl sich meine Bekannte in dieser Situation sehr unwohl fühlt, traut sie sich nicht, den Anfang zu machen und die Probleme offen anzusprechen. In dieser Familie wissen auch alle, dass der Jüngste spielsüchtig ist und seinen Lohn in Spielhallen verjubelt. Meine Bekannte erzählte mir, dass sich bei dem rituellen Kaffeekränzchen jeder nur mit Kuchen vollstopft und das Thema krampfhaft vermieden wird. Offensichtlich möchten alle in dieser Familie die Bitterkeit des Alltags für zwei Stunden vergessen. Im Unbewussten gären die Probleme jedoch und machen einzelne Familienmitglieder krank, weil man gemeinsam keinen Weg in die Offenheit findet. Trägheit manifestiert sich immer dann in einer Gewohnheit, wenn diese unlebendig wirkt und von Ängstlichkeit genährt wird.

Gewohnheiten sind meist eingeschliffene Verhaltensweisen, die sich nicht von einem Moment zum nächsten ändern lassen. Sie brauchen Beharrlichkeit, um in kleinen Schritten aus dem Trott herauszukommen. Das gelingt nur, wenn Sie eine Kraft entwickeln, die sich von der Trägheit nicht bluffen lässt. Freudige Energie, Motivation und Interesse bilden GEGENGEWICHTE zur Trägheit und helfen uns, nicht in Gewohnheiten zu versinken. Bevor wir diese Gegengewichte erkunden, versuchen Sie zunächst die Trägheit in Ihrem Alltag mithilfe der folgenden Übung zu erkennen.

3

Diejenigen **Berge,** über die man im Leben am **schwersten** hinwegkommt, häufen sich immer aus **Sandkörnern** auf.

[Friedrich Hebbel | *deutscher Dramatiker (1813–1863)*]

Wahrnehmen der Trägheit

→ Nehmen Sie sich zwanzig Minuten Zeit. Setzen Sie sich bequem mit Ihrem Notizbuch an einen angenehmen Ort. Sorgen Sie dafür, dass Sie nicht gestört werden, und schließen Sie die Augen nach jeder der folgenden Fragen.

→ Nehmen Sie jede Frage in sich auf und wiederholen Sie diese innerlich mehrfach nacheinander. Lassen Sie kleine Pausen dazwischen, kreisen Sie mit Ihren Gedanken um die Frage herum und sprechen Sie sie leise vor sich hin. So entwickeln Sie allmählich eine Form von Reflektion, die es Ihnen erlaubt, Antworten aus tieferen Schichten Ihres Bewusstseins aufsteigen zu lassen.

→ Wenn Sie möchten, können Sie sich auch Notizen machen oder Erkenntnisse laut aussprechen. Dadurch bleiben sie besser in Ihrem Bewusstsein.

→ Lassen Sie Ihre Antworten auf die Fragen stehen. Nehmen Sie nur akzeptierend zur Kenntnis: So ist es.

- Haben Sie beim Lesen dieses Kapitels Erinnerungen an Situationen in Ihrem Leben gehabt, in denen Trägheit offenbar anwesend war?
- Haben die Situationen, an die Sie sich erinnern, etwas gemeinsam?
- Taucht Trägheit in Ihrem Leben stets in bestimmten Momenten auf?
- Was fühlen Sie, wenn Sie sich Trägheit vergegenwärtigen?
- Sind die Empfindungen angenehm oder eher unangenehm?
- Welche typischen Gedanken gehören dazu?
- Welche Haltung nehmen Sie sich selbst gegenüber ein, wenn sich Trägheit zeigt?
- Gibt es in Ihrem Alltag Gewohnheiten, die Sie gerne ablegen würden?
- Wie könnten Sie sich dazu ermuntern, die Gewohnheit aufzugeben?

→ Üben Sie von nun an, die Trägheit zu benennen, wann immer sie in Ihrem Alltag auftaucht. Wenn Ihnen auffällt, dass Sie nicht träge sind, benennen Sie diese Beobachtung auch: »Ich bin jetzt nicht träge, obwohl ich es von mir erwartet habe.«

Wege aus der Trägheit:
Kraftvolle Ausdauer entwickeln

Ein gesundes Gegengewicht zum trägen Geist bilden Sie, indem Sie Ihre Energie auf ein Ziel ausrichten und ein Vorangehen in kleinen Schritten planen.

Achten Sie einmal darauf, wie Sie sich fühlen, wenn Sie einen Tag mit unbedeutenden Kleinigkeiten vertändelt haben, weil Sie es nicht wagten, die wichtigen Dinge anzugehen. Es ist wie im Fitness-Studio. Gleich am ersten Tag werden Sie wahrscheinlich nicht das 10-kg-Gewicht stemmen. Sie beginnen mit zwei oder drei Kilogramm und bauen Schritt um Schritt die Muskelkräfte auf. Dazu brauchen Sie Motivation, etwas, das Sie aus dem Sessel herauslockt. Zum Beispiel ein ZIEL, das Ihnen Freude macht und Ihnen wertvoll erscheint. Zwischenschritte sind die kleineren Gewichte, die Sie in die Lage versetzen, schließlich die ganz großen zu stemmen.

Anforderungen sollten Sie so wählen, dass Sie sie auch erfüllen können. Deshalb nehmen Sie sich beispielsweise nicht vor, den Keller an einem Tag aufzuräumen, den die ganze Familie jahrelang mit Ramsch gefüllt hat. Stattdessen richten Sie Ihre Kräfte am Anfang wohlbedacht ein. Sie wählen also einen Tag aus, an dem Sie sich optimistisch und tatenfroh fühlen. Dann begeben Sie sich in den Keller und schauen sich an, welche Arbeitsschritte zu leisten sind. Sie stellen vielleicht fest, dass Sie Kisten brauchen zum Sortieren. Dass Sie Müll und Abfallstoffe auf die Deponie bringen müssen, ein neues Lager-Regal brauchen. All diese Arbeitsschritte schreiben Sie sich auf. Sie gruppieren die Punkte zu einer Liste, die Ihnen zeigt, was am Anfang und was am Ende steht. Da wird Ihnen deutlich, dass Sie mindestens fünf Tage brauchen, um den Keller in den Zustand zu bringen, der Ihnen vorschwebt. Das hatten Sie nun nicht erwartet! Auf keinen Fall wollten Sie Ihre wenigen Ur-

3

laubstage im Keller verbringen. Sie geben Ihren Plan auf, in dieser Woche den Keller aufzuräumen, und besorgen lediglich an zwei Tagen das Material, das Sie brauchen, um in den kommenden Wochen immer wieder einmal ein paar Stunden im Keller voranzukommen. Sie besorgen Kisten und das Lagerregal und Sie schaffen ersten Raum zum Rangieren. Ihnen ist klar, dass die Kunst darin liegt, sich Ziele zu stecken, die gerade für einen Tag reichen, damit Sie abends mit Zufriedenheit sagen können: »Geschafft!«

Durch die Freude darüber, dass Sie die gestellte Aufgabe bewältigt haben, wächst Ihr ENERGIEPOTENZIAL und kann wiederum in die nächste Aufgabe einfließen. Ihr Vertrauen in die eigenen Fähigkeiten festigt sich, weil Sie die Erfahrung machen: »Ich bewege mich. Unter meiner Regie geschehen Dinge, auf die ich stolz sein kann.«

> Nicht weil die Dinge schwierig sind,
> wagen wir sie nicht,
> sondern weil wir sie nicht wagen,
> sind sie schwierig.

[Seneca | *römischer Philosoph (4 v. Chr.–65 n. Chr.)*]

Energie wächst mit sinnvollem Tun

Im tibetischen Buddhismus heißt es, dass die Freude über sinnvolles und heilsames Handeln die Trägheit auflösen kann. Manche Menschen motiviert ihr Dienst am Nächsten viel mehr, als wenn sie zu ihrem eigenen Gewinn handeln. Die Energien, die zum Vorschein kommen, wenn wir eine Wohltätigkeitsveranstaltung organisieren oder heimlich die Geburtstagsfeier für eine Freundin vorbereiten, sind das reine Gegenteil von Trägheit. Die freudige Überraschung, die wir anderen bereiten möchten, wirkt wie ein Feuer im Herzen. Es trocknet die Widrigkeiten aus und verwandelt die Trägheit in Asche.

Buddha unterscheidet drei Arten von Kräften, die wir entwickeln müssen, um gute Energien aufzubauen: Anschubenergie, Befreiungskraft und Ausdauer. Sie werden feststellen, dass es Freude macht, diese Kräfte in sich selbst zu entdecken und zu entfalten.

Die Anschubenergie verbessern

Die Anschubkraft will etwas in Gang bringen, in Bewegung setzen. Damit wir aufstehen und losgehen können, brauchen wir Motivation und Strebsamkeit. Zunächst machen wir uns klar, wodurch in uns Energie geweckt wird. Was gibt uns die Kraft, ungewöhnliche Entscheidungen zu treffen? Was gibt uns den Mut, uns und andere herauszufordern? Wie überwinden wir am ehesten unsere Trägheit? Wir müssen das Bemühen zu neuen Ufern aufzubrechen, stets aufs Neue aktivieren, ohne Druck, mit ÜBERZEUGUNGSKRAFT.

Vielleicht merken Sie, dass Sie sich eine Belohnung wünschen, wenn Sie den Keller ganz alleine aufräumen. Sie könnten in Ihrer Familie verkünden: »Eure Mutter nutzt die kommenden Ferientage, um den Keller aufzuräumen. Ich weiß, dass es niemand außer mir machen wird. Ich werde also morgen damit anfangen, und ihr dürft mich zur Belohnung abends zum Essen einladen. Und wenn der Keller ganz ausgeräumt ist, kann ich mir eine Yoga-Ecke im Schlafzimmer einrichten, weil dann die alte Kommode in den Keller passt.«

Besonders im Beginnen brauchen wir Kraft, bis ein eigener Bewegungsablauf, ein Momentum, entsteht – wenn die Sache erst einmal rollt, geht es leichter. Am Anfang scheinen die Hindernisse oft so groß, dass wir gar nicht aufzubrechen wagen. Vielleicht schauen Sie jedes Semester in das Programm der Volkshochschule und träumen davon, den Kurs »Englisch für Fortgeschrittene« zu belegen. Bisher haben Sie sich aber noch keinen Schritt in Richtung Anmeldebüro bewegt. Grund genug, sich zu fragen, was Sie daran hindert. Vielleicht möchten Sie nicht alleine hingehen. Dann heißt Ihr kleines Zwischenziel: Begleitperson für den VHS-Kurs suchen. Oder Sie sagen sich: Es würde schon genügen, wenn ich mir öfter einen englischen Spielfilm in der Originalfassung anschaue. Dann heißt Ihr kleines Zwischenziel: Herausfinden, welche Kinos Originalversionen spielen, oder die ausgeliehene DVD in der englischen Fassung ansehen.

Fragen Sie sich: Welche inneren Qualitäten würde ich gerne mehr entwickeln? Wie wohl würde es mir tun, wenn ich zum Beispiel ein stabileres Selbstwertgefühl hätte, wenn ich ohne Angst in der großen Team-Runde sprechen könnte, wenn ich es schaffen würde, in der Erziehung meiner Kinder konsequenter zu sein? Wie viel Aufmerksamkeit und Energie bin ich bereit einzusetzen, um diese Fähigkeiten in mir zu entwickeln? Wäre ich auch bereit, mir professionelle Hilfe zu suchen, in eine Selbsthilfegruppe zu gehen?

In den asiatischen Kampfkünsten lautet die Regel: Energie folgt der Aufmerksamkeit. Die Anschubkraft wird von dem guten Gefühl genährt, das Sie in sich spüren, wenn Sie sich in Bewegung setzen. Ihre Bewegung braucht ein Ziel, auf das sie sich ausrichten kann, etwas, das Ihnen am Herzen liegt. Wenn Sie Ihre Aufmerksamkeit auf ein Herzensziel ausrichten, wird Ihnen die Kraft zuwachsen, die ersten Schritte in die gewünschte Richtung zu machen.

>> Was **vor** uns liegt und was hinter uns liegt,
ist **unbedeutend**,
verglichen mit dem, was **in** uns steckt. <<

[Ralph Waldo Emerson |
amerikanischer Dichter und Philosoph (1803–1882)]

Die eigenen Kräfte befreien

Wenn durch Anschubkraft Dinge in Bewegung gekommen sind, brauchen Sie Standhaftigkeit und Entschiedenheit, um dabeizubleiben. »Was muss getan werden?«, haben Sie am Anfang gefragt. Jetzt will die eingeschlagene Richtung eingehalten werden, bis Sie Ihr Projekt zu einem guten Abschluss bringen. Es ist ganz wichtig, ein inneres Gefühl von Freude und Genugtuung bei Ihren Handlungen zu spüren, damit Sie auftretende Schwierigkeiten überwinden können. Aus dieser Überwindung erwachsen befreiende Kräfte und versetzen Sie in die Lage, sich ganz NEUE PERSPEKTIVEN zu erobern. Wenn Sie abends Ihre Achtsamkeitsübung vor dem Schlafengehen machen und noch einmal auf den Tag zurückblicken, stärken Sie Ihre Befreiungskraft dadurch, dass Sie sich in Erinnerung rufen, welche Kräfte Sie an diesem Tag entwickelt haben. Freuen Sie sich ganz bewusst über alle Schritte in die von Ihnen gewünschte Richtung.

Ich kenne einen allein erziehenden Vater, der einen so weiten Weg zum Arbeitsplatz hatte, dass er sich eine neue Wohnung suchen wollte. Doch schon beim bloßen Gedanken daran türmten sich so viele Fragen und Probleme in ihm auf, dass er gleich entmutigt wurde und sein Vorhaben aufgab. Angesichts unerwarteter Hindernisse brauchen wir die Energie von Geduld und Durchhaltevermögen, um weiterzumachen. Manchmal stecken wir so tief im Prozess, dass das Ende gar nicht absehbar scheint. In diesem Fall brauchen wir Inspiration und Aufmunterung, zwei Aspekte der befreienden Energie. Mein Bekannter kam zum Glück auf die Idee, bei seiner Schwester anzurufen. Er bat sie, ihn zum Umzug zu ermutigen und alle dafür notwendigen Schritte mit ihm durchzusprechen. In diesem Gespräch wurde ihm klar, dass die neue Wohnung nicht nur in der Nähe seines Arbeitsplatzes sein sollte, sondern auch der Schulweg für die Kinder passen müsste. Jetzt brauchte er den Mut, unbeirrbar bei seinem Vorhaben zu bleiben.

3

Denn es ist gut, auch unter widrigen Umständen kräftig voranzu-
schreiten, ohne dabei das Ziel aus den Augen zu verlieren.

Sobald der Vater Klarheit hatte, wie der Schulweg für die Kinder künftig
aussehen sollte, wusste er auch, in welchem Bezirk er nach einer Wohnung suchen wollte. Der anfangs unüberschaubare Knoten hatte sich
entwirrt. Zuversichtlich steuerte er nun noch einmal den Umzug an.
Zusammen mit seiner Schwester stellte er einen Schritt-für-Schritt-
Plan auf.

Kraft und Ausrichtung brauchen Balance. In der Meditation gilt die Regel,
darauf zu achten, dass sich Konzentration und Energieeinsatz IM
GLEICHGEWICHT befinden. Zu viel Energie, die nicht von Konzentration getragen ist, löst Unruhe aus, zu viel Konzentration, die nicht
von Energie genährt wird, führt zu Starrheit. Wenn der Geist sich
dann trotz aller Hindernisse auf dem Weg nicht vom Ziel abbringen
lässt, sammeln wir so viel befreiende Kräfte, dass es schließlich zu
einer Verwandlung, einer Transformation kommt. Alle kreativen Prozesse kennen diese Entwicklungsphase. Plötzlich wird ein unüber-
schaubares Terrain fassbar. Es haben sich im Dabeibleiben so viele befreiende Kräfte gesammelt, dass es zum Durchbruch kommt.

Der Umzug lief auch für meinen Bekannten schließlich so reibungslos,
dass er am Einzugstag mit Begeisterung verkündete: »Nie hätte ich gedacht, dass ich das schaffen kann. Als ich aber endlich Klarheit hatte,
lief jeder weitere Schritt wie von selbst.«

>> Jeder Grashalm hat seinen Engel,
der sich über ihn beugt und
ihm zuflüstert: »Wachse, wachse«. <<

[Weisheit aus dem Talmud]

Zehn Aktivitäten, die Kraft spenden

Diese Übung knüpft an einen berühmten Lehrsatz des amerikanischen Mythenforschers Joseph Campbell an, der in den siebziger Jahren gepredigt hat: »Follow your bliss« – Mach das, was dich begeistert, lass dich von deiner eigenen Begeisterung führen. Unser Enthusiasmus weist uns auf das hin, was uns wirklich am Herzen liegt.

→ Nehmen Sie sich mit Ihrem Notizbuch zwanzig Minuten Zeit und sorgen Sie dafür, dass Sie nicht gestört werden.

→ Machen Sie eine Liste von zehn Aktivitäten und Dingen, die Ihren Energiehaushalt gegenwärtig stärken, aufbauen, nähren können. Achten Sie dabei auf die kleinen Momente im Alltag, wie Blumen stecken oder einen Zehn-Minuten-Spaziergang machen.

→ Unterstreichen Sie die Aktivitäten, die in Ihnen Begeisterung wecken.

→ Wenn Sie in der bisherigen Liste nichts finden, was Sie enthusiastisch stimmt, machen Sie noch eine weitere Liste mit mindestens fünf Punkten: »Dinge und Aktivitäten, die mich begeistern!«

3

Ausdauer und Erfüllung finden

Hoffentlich wissen Sie, wann Ihre Grenze erreicht ist und Sie sich ausruhen müssen. Wenn wir uns selbst zu sehr unter Druck setzen und aus dem TUNMÜSSEN gar nicht mehr herauskommen, folgen wir dem »Pfad der verrückten Tugend«, wie die Tibeter sagen.

Bei allem Bemühen, das wir an den Tag legen, brauchen wir auch die Momente vollständiger Entspannung, die Pausen. Nur wenn wir uns genügend Raum zum Auftanken geben, können wir erfrischt zu unseren Aufgaben zurückkehren. Wenn wir dann Reibungen und Schwierigkeiten überwunden haben, fühlen wir uns energiegeladen, angeregt und begeistert – auch das nährt unsere Verwandlungskräfte.

Weisheitsgeschichte

Ein bedeutender Zen-Meister wurde in ein katholisches Kloster zu Unterweisungen eingeladen. Er lehrte die Mönche Meditation und machte ihnen Mut, sich an die Lösung von Koans (klassische Zen-Rätsel) heranzutrauen.
»Wenn ihr euch mit vollem Herzen eurer geistigen Entwicklung widmet, dann werdet ihr zweifellos Erfolg haben und tiefes Verstehen erlangen«, beteuerte er.
Ein alter Mönch bat ihn daraufhin um ein Gespräch. »Meister, ich muss Euch sagen, dass wir bisher ganz anders praktiziert haben. Unsere Meditationen und Gebete waren sehr einfach, ohne jegliche Anstrengung. Wir warten einfach darauf, dass wir von Gottes Gnade erleuchtet werden. Gibt es denn in Eurer Tradition auch so etwas wie erleuchtende Gnade, die einfach über uns kommt?«
Die Antwort des Zen-Meisters kam ohne Zögern: »Im Zen gehen wir davon aus, dass Gott seinen Teil bereits getan hat.«

Wir brauchen Energie, um uns immer wieder zu entscheiden, die besten Fähigkeiten aus uns herauszulocken. Wir brauchen die Erkenntnis, dass unser von Konflikten und Hindernissen zerrütteter Geist zur Ruhe kommen möchte. Wenn wir uns verändern wollen, üben wir Achtsamkeit in jedem Moment. Achtsamkeit macht uns darauf aufmerksam, welche Eigenschaften wir weiter entfalten möchten. Sie erinnert uns daran, uns immer wieder um Sorgfältigkeit im Alltag zu bemühen. SPIRITUELLE ENTWICKLUNG ist ein langsamer Wachstumsprozess – wenn wir Samen säen, können wir nicht erwarten, dass sich schon im nächsten Moment die Früchte ernten lassen. Wir müssen die Pflanze während ihres Wachsens sorgfältig pflegen, um eines Tages mit Blüten und Früchten belohnt zu werden.

Zwischenschritte definieren

Sie haben nun einen Eindruck gewonnen, welche Kräfte Sie fördern können, um der Trägheit etwas entgegenzusetzen. Diese Übung soll Ihnen bei der Umsetzung helfen.

→ Nehmen Sie sich zwanzig Minuten Zeit mit Ihrem Notizbuch. Lassen Sie sich dabei nicht stören. Denken Sie nun über die folgende Frage in der gleichen Weise nach, wie ich es in der Übung auf Seite 80 beschrieben habe.

● Wann stört Sie Ihre eigene Trägheit am meisten, wann kaum?

→ Wählen Sie eine bestimmte Situation aus, wo Sie die Trägheit am wenigsten stört, und stellen Sie sich vor, wie es aussehen würde, wenn Sie nicht von Trägheit erfüllt wären. Malen Sie sich aus, wie Sie dynamisch und zielgerichtet die Situation in Ihrem Alltag bestehen. Spüren Sie, wie sich das in Ihrem Körper anfühlt, und nehmen Sie wahr, was Sie dabei denken, wenn alles wie am Schnürchen für Sie abläuft.

→ Machen Sie es sich zur Aufgabe, diese Vorstellung in Wirklichkeit zu verwandeln. Benennen Sie dafür drei Zwischenschritte, die für die Umsetzung wesentlich sind. Beispiel: Sie haben die Angewohnheit, Rechnungen auf Ihrem Schreibtisch zu stapeln und häufig zu spät zu begleichen. Dadurch bekommen Sie unnötigen Ärger, und Sie müssen auch noch Mahngebühren bezahlen. Die drei Zwischenschritte wären:

> Eine Rechnung auswählen, die Sie von nun an immer sofort begleichen wollen.
>
> Einen besonderen Platz für diese Rechnung bestimmen.
>
> Den Arbeitstag nicht beenden, ohne die geforderte Summe überwiesen zu haben.

→ Nehmen Sie ganz bewusst wahr, wie es Ihnen beim nächsten Mal geht, wenn Sie eine bisher von Trägheit gebremste Aufgabe erfüllt haben. Was spüren Sie in Ihrem Körper, welche Gefühle, welche Gedanken haben Sie?

3

Das Gleichgewicht wahren

4

→ In der buddhistischen Lehre ist Verlangen das Hindernis, das alle anderen Hindernisse beeinflusst. Es ist ein so einflussreicher Alleinherrscher, dass wir ihm zeitlebens kaum entkommen können. Auch wenn wir den starken Impuls des Habenwollens im Normalfall nicht gänzlich auflösen können, liegt es doch in unserer Hand, ihm entgegenzuwirken: Wir können einen gesunden Mittelweg anstreben und extreme Lebensweisen loslassen.

Die Herausforderung:
Unersättliches Verlangen

Vor einigen Jahren brachte mich in Berlin ein riesiges Kino-Plakat zum Lachen. Darauf stand: »Lass Verlangen dein Schicksal sein.« »Als ob wir eine Wahl hätten, uns dafür zu entscheiden!«, dachte ich und fragte mich: »Wer wollte das allen Ernstes wählen?« Doch gleich darauf wurde mir klar, dass die wenigsten Menschen sich wohl über die zerstörerischen Kräfte des Verlangens Gedanken machen und deshalb eher am eigenen Verlangen zerbrechen werden, als sich bewusst dagegen zu entscheiden. Nachdem ich mich nun jahrzehntelang mit Buddhas Lehre beschäftige, ist mir sonnenklar, dass Verlangen die TREIBENDE KRAFT im Leben eines jeden Menschen ist. Ob wir es wollen oder nicht, mit der Geburt in diesem menschlichen Körper bekommen wir eine XXL-Portion Verlangen mitgeliefert. Ob Hunger oder Durst, ob Sehnsucht nach Nähe und Zusammengehörigkeit, nach Wissen und Ausdruck – alle menschlichen Regungen werden angetrieben von Verlangen. Ohne Verlangen würden wir gar nicht existieren: Jedes Neugeborene ist ja ein Produkt des Verlangens.

In der buddhistischen Lehre ist Verlangen das erste und größte Hindernis. Ich habe es an die vorletzte Stelle gerückt, damit Sie schon bei den Hindernissen Zweifel, Unruhe und Trägheit Ihre Achtsamkeit üben und kräftigen konnten. So werden Sie hoffentlich nicht mehr so schnell entmutigt, wenn Sie nun überall dem Verlangen begegnen. Die Auseinandersetzung mit dem Verlangen ist für die meisten eine große Herausforderung. Auch wenn auf dem Meditationsweg schon alle anderen Hindernisse beseitigt sind, dauert Verlangen bis zum Moment der Erleuchtung an. Verlangen wird in den Schriften auch Wollen, Begehren oder Durst genannt und als ein Geisteszustand angesehen, der unsere Freiheit tief greifend einschränkt. Ganz gleich, ob wir nun von

Begehren, Verlangen, Sinneslust, Sucht oder Gier sprechen, diese Empfindung beginnt weit vor den Worten, in der rein physischen Dimension, wo wir funktionieren wie der Pawlow'sche Hund, dem der Speichel läuft, wenn er einen bestimmten Reiz erfährt. Der Geist, der vom Verlangen erfüllt ist, unterstellt all seine Wahrnehmungen dem Einfluss dieses Triebes. Was unter anderen Umständen unattraktiv erscheint, wird durch das Verlangen begehrenswert und wichtig. Vielleicht haben Sie sich vor längerer Zeit teure, sehr empfindliche Weingläser gekauft und fragen sich jetzt: »Was schien denn daran so besonders zu sein, dass ich sie unbedingt haben wollte? Ich kann sie ja kaum benutzen, aus Angst sie zu zerbrechen.« Manchmal können wir das eigene Begehren im Nachhinein nur schwer nachvollziehen.

Die Sucht nach dem Angenehmen

Verlangen wirkt verführerisch, macht uns blind, trübt unsere Wahrnehmung. Wir zappeln wie ein Fisch am Angelhaken des Begehrens – von Souveränität keine Spur. Wenn alles Wollen auf Erfüllung ausgerichtet ist, werden die Folgen viel zu oft gar nicht in Betracht gezogen: Wir kaufen und trinken zu viel, obwohl wir wissen, dass wir uns hinterher schlecht fühlen, wir schlafen mit einem anderen Partner, obwohl klar ist, welche Gewissensbisse wir danach auszuhalten haben und wie zerstörerisch das auf die eigene Beziehung wirken kann.

Das unaufhörliche Streben nach angenehmen Sinneseindrücken, nach Gefühlen und Gerüchen, Farben und Geschmack regiert unser Leben. Ohne den Antrieb, der aus Lebensdurst und Sinneslust erwächst, würden wir im Alltag nicht in Stress kommen. Ein gewisses Maß an Verlangen ist durchaus natürlich – es ist Inbegriff des Lebens. Doch wenn wir uns dem Diktat des unersättlichen Verlangens UNTERWERFEN, wenn wir unaufhörlich nach angenehmen Erfahrungen lechzen, geraten wir in eine Zwangslage, die uns immer unfreier werden lässt.

4

Nur mit achtsamer Wahrnehmung kann es uns gelingen, zwischen dem Reiz »Wie schön – das möchte ich haben« und der Reaktion »Auf der Stelle werde ich das kaufen« eine Besinnungspause einzublenden. Solche engen Reiz-Reaktions-Muster laufen jeden Tag unzählige Male ab. Wir sehen die Praline, im nächsten Moment schmilzt sie schon auf unserer Zunge. Wir lesen die Überschrift einer Zeitung und haben Sie schon in der Hand. Wir sind mitten in einem angeregten Gespräch mit der Nachbarin und lassen uns vom Klingeln des Telefons weglocken. Was veranlasst uns zu solchen spontanen, un-überlegten Reaktionen?

Buddha lehrt, dass es möglich ist, Verlangen zu erkennen, zu benennen und loszulassen, wenn es nicht wirklich notwendig erscheint, es zu erfüllen. Er sagt, wir können lernen, spontan ablaufende VERHAL-TENSMUSTER zu UNTERBRECHEN. Um das besser zu verstehen, möchte ich Ihnen die Dynamik des Verlangens deutlich machen.

> Zwei **Tragödien** gibt es im Leben:
> die eine, **nicht** zu bekommen,
> was das Herz wünscht,
> die andere, es zu **bekommen.**

[George Bernard Shaw | *irischer Dramatiker (1856–1950)*]

Auf den Seiten 20 bis 22 habe ich beschrieben, wie die buddhistische Psychologie den Wahrnehmungsvorgang erklärt. Vielleicht haben Sie, angeregt durch die Achtsamkeitsübungen in diesem Buch, immer wieder geübt, sich Ihre Erfahrungen bewusst zu machen. So ist Ihnen sicher auf ganz natürliche Weise klar geworden, wie sehr wir nach dem Angenehmen streben und das Unangenehme abwehren.

Ohne lange nachzudenken, rufen wir »Ja«, wenn etwas angenehm, und »Nein«, wenn etwas unangenehm ist. Jedes kleine Kind ist ein lebendiges Beispiel dafür. Es bringt direkt und vehement zum Ausdruck, ob eine Erfahrung angenehm oder unangenehm ist. Ein Kind steckt den Zeigefinger in Salz und schreit beim Ablecken spontan »bäh«. Ebenso spontan antworten wir in den Tiefen unseres Unterbewusstseins auch – zum Beispiel auf Fremde, deren Gesicht uns nicht passt, oder auf Situationen, die uns an frühere, schlimme Erfahrungen erinnern. Blitzartig steht die Empfindung fest: Das können wir leiden, das können wir nicht ausstehen. Mit der Empfindung von angenehm und unangenehm, die jede Sinneserfahrung begleitet, erwacht ein Handlungsimpuls in uns, der mit der Energie des Verlangens nach Mehr oder Weniger geladen ist. Und die Energie des Verlangens baut sich in Bruchteilen von Sekunden zu einem Hingezogen- oder Abgestoßenwerden auf.

Das Problem Unwissenheit

Wenn es gelingt, diesen Vorgängen auch nur ein bisschen auf die Spur zu kommen, entschlüsseln wir eine Formel, die unser Leben weitreichend bestimmt. Unendlich viele Momente von angenehm und unangenehm in Verbindung mit HINSTREBEN und VONSICHWEISEN bewirken in uns die inneren Strömungen von Liebe und Hass, Macht und Ohnmacht, Glück und Unglück.

Aufgabe dieses Kapitels ist es, Ihnen die quälenden Auswirkungen des unstillbaren Verlangens, des ständigen Hingezogenseins zum Angenehmen zu vergegenwärtigen. Jeder Versuch ist es wert, sich aus diesem Korsett von Reaktionen zu befreien, denn allzu oft bestimmt unser Verlangen und nicht wir selbst, was als Nächstes geschieht. Je mehr uns diese gewohnheitsmäßig ablaufenden Reaktionen bewusst werden, umso weniger werden wir vom Verlangen bestimmt.

Kürzlich besuchte mich eine erfahrene Studienrätin, die inzwischen selbst Pädagogik-Studenten ausbildet. Wir unterhielten uns über manche Kinder, die heutzutage schon in den ersten Klassen eine genaue Vorstellung von Tierschutz und Menschenrechten haben. »Es gibt aber auch viele Eltern, die nicht einmal wissen, dass ihre Kinder schon in diesem Alter so tiefe Einsichten haben können. Sei es aus Desinteresse, sei es aus der eigenen Erziehung heraus«, klagte sie. »Diese Eltern unterdrücken jeden Impuls zur Freiheit in ihren Kindern automatisch, sodass sie gar nicht lernen, Bedürfnisse zu erkennen und abzuwägen. Wie ihre Eltern wollen sie dann einfach nur jedes Verlangen sofort erfüllt bekommen. Die Unwissenheit der Eltern verhindert, dass ihre Kinder innerlich wachsen können.«

So hat es Buddha auch beschrieben. Er sagt, die UNWISSENHEIT ist das größte Problem, nicht der böse Wille. Wir müssen erst einmal selbst verstehen lernen, was uns im Innersten antreibt, bevor unsere Kinder freier aufwachsen können.

Die Affenfalle

Unstillbares Verlangen entfernt uns von unseren wahren Wünschen, von dem, was uns wirklich Erfüllung bringt. Es gaukelt uns etwas vor. Es gängelt uns. Das Verlangen ist ein diktatorischer Herrscher. Es duldet keinen Widerspruch und wird niemals endgültig zufriedengestellt. Ein klassisches Bild, das die buddhistische Lehre gerne zur Illustration dieses Geisteszustandes nutzt, ist die Wirkungsweise der Affenfalle.

>> Das Geheimnis wartet auf Augen,
die nicht vom Verlangen getrübt sind. <<

[Tao te King | *chinesische Weisheitsschrift*]

Wilde Affen lieben Süßes. Man kann sie von weitem mit einer Banane oder einem Stück Kokosnuss herbeilocken. Wer einen Affen fangen möchte, schlitzt eine Kokosnuss ein klein wenig auf, sodass gerade die flache Hand des Affen hineinschlüpfen kann. Als Nächstes wird die Kokosnuss ausgehöhlt, wobei man ein Stückchen vom süßen Fruchtfleisch als Lockmittel darin lässt. Dann bindet man die Kokosnuss gut sichtbar fest. Kommt der Affe zum Naschen, steckt er seine kleine Hand in den Schlitz, ergreift die Süßigkeit und stellt fest, dass die geschlossene Faust nun nicht mehr durch die schmale Öffnung passt. Er sitzt fest. Er zappelt und zetert. Er ist gefangen in seiner Gier, denn wenn er auf das Stückchen Kokosnuss verzichten würde, könnte er seine Hand öffnen, sie herausziehen und davonstürmen. Doch das schafft er nicht.

Der Mensch hat das Tier bei lebendigem Leibe, völlig unversehrt, gefangen. Doch welcher Affenfänger kann auch erkennen, dass es ihm selbst nur allzu oft ganz ähnlich ergeht? Wie oft sitzen wir in der Falle, weil unser Begehren uns an etwas bindet, das wir unter keinen Umständen loslassen möchten?

Unsere Lust an Sinnesempfindungen, unser Verlangen nach schönen, aufreizenden, interessanten Erlebnissen und nach angenehmen Gefühlen nimmt uns Tag für Tag in seinen Bann. Wir möchten immer mehr haben, können NIE GENUG BEKOMMEN, Befriedigung gibt es nur für kurze Momente, die wie ein Wassertropfen auf der heißen Herdplatte zerstäuben. Quälender Appetit verführt uns auch dann noch weiterzuessen, wenn wir schon satt sind. Wir verschwenden unsere Aufmerksamkeit an Geschehnisse, die uns nicht im Geringsten interessieren. Kaum ist ein Bedürfnis erfüllt, schon regt sich in uns ein neues Begehren. »Wenn ich das hätte… Wenn ich erst einmal diese Position einnehme… Wenn ich im Urlaub dahin fahren kann… Wenn meine Kinder erst einmal in der Schule sind… Wenn sich meine Wünsche ganz schnell erfüllen… dann bin ich glücklich.«

4

Im Buddhismus sprechen wir von dem »Wenn-dann-Geist«, der niemals in der Gegenwart ankommt, weil er ständig in die Zukunft späht und dem Verlangen nachhängt.

Wo ist der Knopf zum Abstellen?

Der Wenn-dann-Geist treibt uns durch die Welt, lässt uns nicht zur Ruhe kommen, wir brauchen immerzu stärkere Reize, mehr, mehr. Es gibt keinen Moment des Innehaltens, kein Aufatmen, kein Ausruhen. Wir sind im Machenmüssen und Tun gefangen. Wir konsumieren ständig und grenzenlos, bis hin zur Sucht. Wir werden kaufsüchtig, esssüchtig, alkoholsüchtig. Unsere Gesellschaft ist beherrscht vom Geist des Begehrens. Unser ganzes Wirtschaftssystem ist auf der Lust am Angenehmen aufgebaut und reizt das Verlangen immer weiter aus. Es wird sogar in den Nachrichten gemeldet, wenn der Lotto-Jackpot besonders voll ist. Werbung suggeriert uns: »Wenn du das kaufst, bist du glücklich, wenn du das rauchst, bist du frei, wenn du dieses Auto fährst, wirst du bewundert« – der Wert einer Person scheint abhängig von dem, was sie sich aneignen kann und wie sie sich darstellt. Wir brennen vor Verlangen, jemand zu sein, und wir brauchen Eigentum, um zu beweisen, wer wir sind.

> Ich kann allem **widerstehen,**
> außer der **Versuchung.**
>
> [Oscar Wilde | *englischer Schriftsteller (1854–1900)*]

Dauernd werden neue Produkte entwickelt, die das Habenwollen noch verstärken. Doch gibt uns Konsumlust die Befriedigung, die scheinbar versprochen wird? Werden wir glücklich mit dem, was wir uns kaufen?

Nur äußerst selten können wir mit Geld erwerben, was das Herz befriedigt und uns wirklich schützt. Wie viele Menschen leben todunglücklich in »Traumhäusern«, wie viele finden trotz aller finanziellen Mittel keine innere Ruhe? Im Rahmen eines weltweiten Forschungsprojekts stellte sich heraus, dass in einem der ärmsten Länder, in Bangladesch, die meisten Menschen sich selbst für glücklich halten. Während Deutschland eher am Ende der Skala des persönlichen Glücksempfindens auftauchte.

Erich Fromm hat in dem Buch »Haben oder Sein«, das auch dreißig Jahre nach seinem Erscheinen immer noch lesenswert ist, das Habenwollen als fatalen treibenden Mechanismus in unserer Gesellschaft beschrieben. Fromm erkennt klar: Habgier und Frieden schließen einander aus. Der Geist des Verlangens erlaubt es nicht, in Ruhe irgendwo anzukommen und sich Muße zu gönnen.

Weisheitsgeschichte

Eines Tages standen zwei Wandermönche vor einem knietiefen Fluss, den sie durchwaten mussten, um ihren Weg auf der anderen Seite fortzuführen. Als sie gerade dabei waren, ihre langen Roben so weit aufzurollen, dass sie nicht mehr nass werden konnten, kam eine junge Frau herbeigelaufen und fragte: »Könnt ihr mich über den Fluss tragen? Ich fürchte mich vor der heftigen Strömung.« Der ältere Mönch nickte, trug die Frau über das Wasser und wanderte dann mit seinem jungen Mönchsbruder schweigend weiter. Stunden später machte der jüngere Mönch dem älteren heftige Vorwürfe: »Wir haben doch versprochen, keine Frau anzufassen. Wie kannst du es nur mit deinem Gelübde vereinbaren, dass du die junge Frau über den Fluss getragen hast?« Der Alte erwiderte: »Mein Lieber, ich habe die Frau auf der anderen Seite des Flusses abgesetzt, du trägst sie immer noch mit dir herum.«

Verlangen erkennen

Erkunden Sie eine Woche lang die vielfältigen Verkleidungen, in denen Verlangen in Ihrem Leben auftritt.

→ Nehmen Sie sich am Morgen, bei Ihrer Achtsamkeitsübung im Bett, vor: »Heute werde ich im Laufe des Tages mindestens dreimal deutlich hinspüren und benennen, wie sich Verlangen in mir zeigt.«

→ Erforschen Sie: Wie fühlt sich ein zartes oder ein brennendes Verlangen im Körper an? Welche Emotionen begleiten das Verlangen? Welche Gedanken gehören dazu?

→ Rufen Sie sich abends vor dem Einschlafen noch einmal ins Gedächtnis, was Sie tagsüber erkannt haben. Schreiben Sie sich in Ihr Notizbuch, welche Formen des Verlangens bei Ihnen auftauchen. Versuchen Sie, Ihr Verlangen nicht zu bewerten, sondern einfach nur festzustellen: So ist es.

Wenn Ihnen das simple Erkennen des Begehrens einfach erscheint, können Sie sich weiter herausfordern: Eine Möglichkeit, die Aufmerksamkeit zu schärfen, besteht darin, den Vorgang des Verlangens in drei Abschnitte zu unterteilen.

→ Wenn Sie im Tagesablauf erkennen, dass durch einen bestimmten Reiz (Sie sehen beim Konditor die Erdbeeren auf der Sahnetorte) bei Ihnen Verlangen ausgelöst wird, dann unterscheiden Sie

1. den auslösenden Reiz und die Sofort-Reaktion (das Wasser läuft Ihnen im Mund zusammen, die Hand greift nach dem Geldbeutel),

2. den Höhepunkt des Begehrens (Sie stehen wie angenagelt vor dem Schaufenster),

3. Abklingen und Ende des Begehrens (Sie gehen schnell weiter, die Augen sind schon wieder abgelenkt durch andere Farben und Formen, oder: Sie kaufen und essen den Kuchen und spüren die Wirkung im Magen).

Wege aus dem Verlangen:
Wandel akzeptieren

Da das Verlangen die treibende Kraft in unserem Leben ist, macht es wenig Sinn, es zu verdammen. Im Gegenteil, der Umgang mit unseren Leidenschaften kann ein höchst interessanter LERNPROZESS sein. Je besser wir unsere Triebkräfte verstehen, umso eher erkennen wir, wie wir sie im Gleichgewicht halten können. Nehmen wir uns zu straff an die Leine, wird der Geist widerborstig und aufsässig. Lassen wir zu locker, kämpfen wir mit den Folgen der Zügellosigkeit. Fasten und übermäßiges Futtern liegen dicht beieinander. Den ganzen Tag lang reiht sich Wollen an Wollen. Unsere Aufgabe ist zu unterscheiden, was in unser Leben passt und was wir schon im Aufkeimen loslassen möchten. Immer wieder stellt sich die Frage, wie ein kluger, ausgewogener Umgang mit unserer Sinneslust aussieht, denn es ist nur die Unersättlichkeit, die das Verlangen zum Hindernis werden lässt. Wenn wir dem Begehren nichts entgegensetzen können, wenn wir uns der Macht des Verlangens ausgeliefert fühlen, dann geraten wir in Schwierigkeiten.
Die Übung besteht deshalb darin, die Unersättlichkeit zu erkennen und auszugleichen. Wir entziehen der Gier die Aufmerksamkeit. Wir leiten die Aufmerksamkeit um auf gesündere, schwächere Formen des Verlangens. Wenn Sie zum Beispiel dazu neigen, zu viele Süßigkeiten zu essen, könnten Sie dieses Bedürfnis umleiten auf Obst – eine Schale Himbeeren kann ebenso attraktiv sein wie eine Tafel Schokolade. Wenn Ihr Verlangen Sie drängt, aus einer schwierigen Situation auszubrechen und alles hinzuwerfen, gestatten Sie sich eine mildere Form des Aussteigens, die vielleicht erst einmal auf einen kurzen Zeitraum begrenzt ist. Buddhistische Psychologie lehrt, extreme Reaktionen zu vermeiden und die Mitte anzusteuern. Erinnern Sie sich an den Leitsatz aus den asiatischen Kampfkünsten (→ Seite 84): »Energie folgt

der Aufmerksamkeit«, das heißt, es wird das verstärkt, worauf wir unsere Aufmerksamkeit richten. Die tief eingegrabenen Muster des Verlangens, die als Gewohnheiten unseren Alltag bestimmen, können wir nicht von heute auf morgen ändern. Aber wir können bestimmen, wohin wir unsere Aufmerksamkeit richten – Schritt um Schritt, ohne uns in irgendeiner Weise zu verurteilen. Elie Wiesels jüdische Weisheitsgeschichte zeigt, wie sich die Kräfte des Verlangens auf wunderbare Weise verwandeln können. In seinem Buch »Chassidische Feier« erzählt Rabbi Bunam den Schülern, die zum allererten Mal zu ihm kamen, folgende Geschichte:

Weisheitsgeschichte

Eisik, der Sohn Jekels aus Krakau, träumte, dass er nach Prag wandern und unter der Brücke vor dem Königsschloss nach einem Schatz suchen sollte. Als dieser Traum zum dritten Mal wiederkehrte, beschloss Eisik, sich auf den langen Weg nach Prag zu machen. Er fand die Brücke, doch sie war Tag und Nacht bewacht, weil sie direkt zum Schloss führte. Eisik wagte nicht, angesichts all der Wachposten nach dem Schatz zu graben, doch er kam jeden Morgen und umkreiste die Brücke bis zum Abend. Ein Hauptmann, der ihn bereits ein paar Tage beobachtet hatte, sprach ihn schließlich an und fragte, ob er etwas suche. Eisik erzählte dem Hauptmann von seinem Traum und der Wanderung von Krakau nach Prag. Der Hauptmann lachte: »Einem Traum zuliebe hast du armer Kerl diesen weiten Weg gemacht! Das ist ja nicht zu glauben! Da hätte ich mich ja auch auf die Beine machen müssen, als mir im Traum befohlen wurde, nach Krakau zu wandern und in der Stube eines Juden, Eisik, Sohn Jekels, sollte er heißen, unter dem Ofen nach einem Schatz zu graben. Kann man sich vorstellen, wie viele Eisiks und Jekels es in Krakau gibt – hätte ich all die Häuser aufreißen sollen?« Der Hauptmann kam aus

dem Lachen nicht heraus. Eisik aber blieb still, verneigte sich und wan-
derte heim. Mit dem Schatz, den er unter seinem Ofen fand, baute er ein
Bethaus, das er Reb-Eisik-Sohn-Jekelsschul nannte. »Merke dir diese Ge-
schichte«, ermunterte Rabbi Bunam jeden seiner Schüler, »höre genau,
was sie zu sagen hat: dass es etwas gibt, was du nirgends in der Welt fin-
den kannst, und dass es doch einen Ort gibt, wo du es finden kannst.«

Vergänglichkeit bewusst erfahren

Buddha hat eine sehr herausfordernde Meditationsmethode entwickelt, um bei seinen Mönchen die Lust am Begehren zu vertreiben.
Er riet ihnen, auf Friedhöfen und an Verbrennungsstätten zu medite-
ren und die körperlichen Zerfallsprozesse zu betrachten.

Für mich war es äußerst eindrucksvoll, in Indien zu erleben, wie die
Toten – zuweilen unter lautem Klagen – von ihren Familien an die
Verbrennungsstätte getragen werden, häufig in dem Bett, in dem sie
gestorben sind. Als ich Varanasi besuchte, die Stadt am Ganges, die
ehemals Benares hieß, habe ich tagelang die Bestattungs-Szenen auf
mich wirken lassen. Eingeprägt hat sich das Bild eines Mannes, der
allein, mit zwei kleinen Kindern an der Hand, alle ganz in Weiß ge-
kleidet, hinter seiner toten Frau herging, die auf ihrem weißen, feinen
Bett lag und schließlich von den Trägern auf dem Sandstrand abge-
stellt wurde. Die drei mussten noch warten, bis der Holzhaufen zur
Verbrennung aufgeschichtet wurde, und so saßen die Kinder nun mit
gesenkten Köpfen neben der Mutter auf dem Bettrand, schauten sie
an, still und fassungslos. Wie kann ein Wesen, das wir lieben und
brauchen, die Augen nicht mehr öffnen?

Vergänglichkeit zu begreifen und zu akzeptieren ist für uns alle eine
LEBENSLANGE HERAUSFORDERUNG. Die Kinder wachsen
heran, wir wechseln die Wohnung, Dinge, die wir geliebt haben, gehen
kaputt oder verloren, Menschen, die einst im Mittelpunkt unseres

Lebens standen, sind nicht mehr da. Auch der eigene Körper verändert sich zusehends. Die Haut bekommt Falten und Flecken. Die Muskeln erschlaffen, sie erstarken aber auch wieder, wenn wir sie kräftig fordern. Dieses Kommen und Gehen im Leben, dieser ständige Wechsel von Abschied und Neubeginn fordert uns heraus. In jungen Jahren glauben wir, das Leben hätte sich nach unseren Vorstellungen zu richten, in der zweiten Lebenshälfte lernen wir mehr und mehr uns einzufügen. Sobald wir einsehen, dass wir das Leben nicht kontrollieren können, fällt es uns leichter, Veränderungen zu AKZEPTIEREN.

Als ich die vielen Toten auf den Scheiterhaufen am Ganges brennen sah, dachte ich mir, auch mir wird es so ergehen. Auch mein Leben hat ein Ende. Was soll ich mich da unnötig über Kleinigkeiten aufregen? Im Angesicht des Todes schmilzt das sinnliche Begehren auf den Wunsch zusammen, das Geschenk des Lebens möglichst umfassend zu nutzen und wertzuschätzen. Der Wechsel von Jahreszeiten und Lebensphasen, von Aufbau und Zerfall ist nicht zu übersehen. Doch wir erinnern uns nicht gerne daran. Vergänglichkeit ist schmerzhaft. Immer wieder trauern wir um kleine und große Verluste.

Wie viel Sinn macht es jedoch, das Begehren zu nähren, wenn der Schmerz, unsere heiß geliebten Errungenschaften wieder loslassen zu müssen, dadurch noch gewaltiger wird?

Wenn wir verstehen, dass wir keine Kontrolle haben über das Kommen und Gehen in unserem Leben, werden wir das gierige Anklammern nicht

> Auch das **glücklichste** Leben ist nicht ohne
> ein gewisses Maß an **Dunkelheit** denkbar, und das
> Wort **Glück** würde seine **Bedeutung** verlieren,
> hätte es nicht seinen Widerpart in der **Traurigkeit.**

[Carl Gustav Jung | *schweizerischer Psychologe (1875–1961)*]

weiter stärken. Wir werden stattdessen überlegen, was uns wirklich am Herzen liegt und welche Werte wir pflegen wollen. Wenn das Wissen um Vergänglichkeit in die Waagschale geworfen wird, verliert das Begehren seine Macht.

ÜBUNG

Vergänglichkeit erkennen

→ Nehmen Sie sich eine halbe Stunde Zeit, in der Sie sich nicht stören lassen. Lesen Sie sich die beiden folgenden Punkte durch und schenken Sie sich dann zwanzig Minuten Zeit zum Meditieren (→ Übung auf Seite 51). Anschließend schreiben Sie ein paar Antworten zu jeder Frage auf.

→ Rufen Sie sich bei Ihren täglichen Achtsamkeitsübungen Ihre Antworten wieder ins Gedächtnis.

• Wie erleben Sie Vergänglichkeit in Ihrem Alltag? Was zeigt Ihnen, dass alles im Leben einen Anfang und ein Ende hat? (Vielleicht bemerken Sie die Blumen, die gestern noch frisch waren und heute schon den Kopf hängen lassen, Sie sehen den Komposthaufen im Garten, Sie empfinden die ständigen Veränderungen in Ihrem Körper. Sie spüren, wie Hunger kommt und geht. In unendlichen Variationen können Sie erfahren, dass Leben Wandel bedeutet.)

• Welche Gefühle begleiten Ihre Einsichten zum Thema Vergänglichkeit? Vielleicht macht es Sie traurig, oder Sie sagen sich: »Das will ich gar nicht wissen, da schaue ich lieber nicht hin.«

→ Beurteilen Sie Ihre Gefühle nicht, stellen Sie nur fest: »So ist es. So darf es sein. So erlebe ich in diesem Lebensabschnitt Vergänglichkeit.« Es gibt kein Richtig und kein Falsch im achtsamen Umgang mit diesem Thema.

4

Begehren entmachten

Wir brauchen tiefes Verständnis für die Situationen in unserem Leben, wo uns starke Gefühle mitreißen und wir Angst haben, den Boden unter den Füßen zu verlieren. Dafür gibt es keine allgemein gültigen Erklärungen. Wir müssen uns selbst aus der jeweiligen Lebenssituation heraus verstehen. Und das Verstehen bildet sich, wenn wir mithilfe von achtsamer Wahrnehmung einen inneren Raum entdecken, der uns Atempausen und Innehalten erlaubt. Sobald wir erkennen, dass wir nicht immer sofort handeln müssen, dass die Erfahrung erst einmal in uns verdaut werden möchte, können wir uns hinsetzen und darüber nachdenken, wie wir ANGEMESSEN DARAUF ANTWORTEN. Die Macht des Begehrens regiert uns dann nicht mehr. Wir gewinnen zunehmend an Verantwortung und Selbstbewusstsein und können unser Leben anders in die Hand nehmen. Manchmal ist es richtig schwierig, mit anzusehen, was andere im Bekanntenkreis sich leisten können. Große Reisen, ein neues Auto, Designer-Kleidung. Viel zu schnell entwerten wir uns selbst, wir nehmen an, dass wir nie aus den roten Zahlen herauskommen und uns nie das leisten können, was wir möchten. Diesen materiell ausgerichteten Gedanken folgt bei genauerem Hinschauen vielleicht die Überlegung: »Was ist mir wirklich wichtig? Habe ich nicht lieber weniger Termine und dafür mehr Zeit, lieber weniger Glitzer und dafür mehr innere Ruhe?«

Verlangen richtet sich aber nicht nur auf Dinge, sondern auch auf Verhaltensweisen und Vorstellungen. Stellen Sie sich vor, Sie haben mit ihrem Sohn vereinbart, dass er zu einer bestimmten Zeit abends heimkehrt. Bisher hat er sich an diese Abmachung gehalten. Sie finden sich aber plötzlich in einer Situation, wo sie seit einer halben Stunde auf ihn warten und immer wütender werden, weil er in den vergangenen Tagen gleich mehrere Abmachungen gebrochen hat. Nun kocht das alles in Ihnen hoch. Sie hören ihn kommen und in sein Zimmer eilen.

Statt sofort zu ihm zu laufen und ihn zur Rede zu stellen, machen Sie sich bewusst, dass Sie in Ihrer Erregung nicht sinnvoll handeln können. Zu oft hat sich schon gezeigt, dass Sie hinterher bedauern, was Sie Ihrem Sohn im Ärger an den Kopf werfen. Diesmal folgen Sie nicht dem Verlangen, ihn sofort zur Rede zu stellen – Sie halten inne und fragen sich: Was wäre die sinnvollste Antwort auf sein Verhalten? Ihnen wird klar, dass Sie sein Gehör finden möchten und ein Gespräch über gebrochene Versprechen nötig ist. Vor dem Schlafengehen, nachdem Sie sich abgeregt haben, fragen Sie ihn: »Wann können wir morgen miteinander reden? Für mich kann es so nicht weitergehen, weil ich mich zu sehr aufrege, wenn du unsere Abmachungen nicht einhältst.« So zeigen Sie Respekt gegenüber Ihren eigenen Gefühlen und gegenüber Ihrem Sohn. Die Reaktionskette ist unterbrochen. Ihr Kind bekommt die Möglichkeit, das eigene Verhalten zu erkennen und zu erklären. Am nächsten Tag steht für sie beide der Wunsch nach Verstehen im Mittelpunkt des Gesprächs. Sie können zusammen Konsequenzen ziehen, auf die Sie sich in Zukunft berufen können.

Einfacher leben

Wenn wir unersättliches Begehren loslassen wollen, müssen wir unterscheiden können zwischen dem, was wir wirklich brauchen, und dem, was die Gier diktiert. Auf der Suche nach einer Philosophie der Einfachheit entdeckte der amerikanische Konsumforscher Duane Elgin, dass wir einerseits das EINFACHE LEBEN suchen, uns andererseits aber auch davor fürchten. Obwohl wir wissen, dass mehr Konsum nicht gleich auch mehr Glück bedeutet, fällt es vielen schwer, auf das 150-PS-Modell zu verzichten, auch wenn der Kleinwagen durchaus hinreichend wäre. Duane Elgin stellt fest, dass man in das einfache Leben nur langsam hineinwächst. Wenn der Wechsel zu abrupt geschieht, regt sich innerer Widerstand. Das merken Sie, wenn plötzlich von einem auf den

anderen Tag Ihr Auto oder der Fernseher kaputtgeht und Sie vor der
Frage stehen: »Verzichten oder neu anschaffen?« Wer durch Arbeits-
losigkeit oder Erkrankung plötzlich weniger Geld zur Verfügung hat,
empfindet es als besonders ungerecht, einfacher leben zu müssen. Wir
brauchen SANFTE ÜBERGÄNGE, um langsam in die neue Situation
hineinwachsen zu können. Häufiger das Auto stehen lassen und mit
dem Rad fahren, den Fernseher nur noch gezielt zu interessanten Sendungen anstellen und mehr Zusammensein mit den Nächsten genießen sind Möglichkeiten, die Umstellung behutsam anzugehen.
Ich glaube, es lohnt sich immer, darüber nachzudenken, wie wir unser
Leben vereinfachen und dafür mehr Zeit gewinnen können. Die meisten empfinden Terminfreiheit heutzutage schon als großen Luxus.
Könnten wir regelmäßig ein paar Stunden im Terminkalender für eine
Verabredung mit dem Nichtstun eintragen? Uns überraschen lassen,
was passiert, wenn wir keine Pläne haben?

> Wir sind, was wir konsumieren.
> Betrachten wir die Dinge, die wir im Laufe
> eines Tages zu uns nehmen, lernen wir
> unsere eigene Natur sehr gut kennen.

[Thich Nhat Hanh | *vietnamesischer Meditationsmeister*]

Statt Konsum als Mittel gegen Einsamkeit zu nutzen, schreibt Thich
Nhat Hanh, sollten wir lieber unser Bewusstsein für geistige Gesundheit fördern, Zeitschriften und Fernsehsendungen boykottieren, die
uns Übelkeit verursachen, und Freundschaften achtsam pflegen. Wir
müssen die Kraft entwickeln, zu ungünstigen Einflüssen »Nein« zu
sagen und das zu stärken, was uns wohltut.

Buddha verweist darauf, dass es auch ein HEILSAMES VERLAN-GEN gibt: Es ist der Wunsch nach innerem Wohlergehen, eine Suche nach Sinn und Geborgensein in der Welt. Nutzen Sie Ihre Sehnsucht nach Ruhe und Frieden, um Ihr Leben zu vereinfachen. Statt mit der besten Freundin ins Kino zu gehen, wo man sich eh kaum unterhalten kann, verabreden Sie sich zum Nähen oder Marmeladekochen. Statt mit den Kindern in den Zoo oder ins Spaßbad zu gehen, setzen Sie sich alle mit einem Picknick in den Park in der Nähe, ohne weiteres Programm, und lassen Raum für Gespräche.

Der Wunsch nach Vereinfachung erlaubt es Ihnen, sich auf das Wesentliche im zwischenmenschlichen Bereich zu besinnen. Dazu gehören Momente der Leere, der Stille, Zeiten, wo einfach gar nichts passiert, wo man eben »nur« zusammen ist. Das müssen Sie vielleicht erst einmal wieder aushalten lernen. Unterhaltungsfreie Zeit ist konsumfreie Zeit, ein kleines »Reizfasten« auf den Inseln der Ruhe im Alltag. Geben Sie die Kraft Ihres Verlangens in die Achtsamkeit, die Ihnen hilft, die geistigen Hindernisse aufzulösen. Je freier Sie sich dadurch fühlen, umso wohltuender empfinden Sie die Wirkung von Buddhas Anregungen.

Großzügigkeit üben

Schon vor Buddhas Zeiten gehörten Wandermönche zur indischen Kultur. Durch den Buddhismus hat sich dieses Prinzip in ganz Asien verbreitet. Für buddhistische Mönche besteht die Übung im Empfangen, im Akzeptieren und Zufriedensein mit dem, was ihnen gegeben wird – sei es nun in materieller Form oder durch das, was das Leben beschert. Jeden Morgen gehen sie aus ihren Klöstern in die umliegenden Dörfer und sammeln in ihren Bettelschalen das Essen für den Tag ein. Keine Tür bleibt verschlossen. Es ist jedem eine Ehre, den Mönchen etwas geben zu dürfen. Großzügiges Geben steht bei allem, was Buddha lehrt, am Anfang. Da er die Ursache für menschliches Leiden im zwanghaften, gierigen Raffen und Festhalten sieht, liegt die Heilung vom Leiden logischerweise im LOSLASSEN. Buddha lehrt, dass wir keine Schwierigkeiten haben wegen der Reichtümer, die wir besitzen, sondern wegen der Beziehung, die wir zu diesen Reichtümern haben. Weil wir die Welt aufteilen in mein und dein, geraten wir in Konflikte und leiden. Weil wir uns so stark identifizieren mit den Dingen, die wir begehren, weil wir mehr auf das Nehmen und Besitzvermehren eingestellt sind als auf Loslassen und miteinander Teilen, deshalb geht es uns oft so schlecht. Wer gibt, lässt los. Im Geben überwinden wir die klebrigen Kräfte des Begehrens und Verwehrens. Großzügigkeit ist auch ein Gegengewicht für den Geist, der mit Ablehnung erfüllt ist.

> **Einsichtig** ist, wer sich nicht grämt
> über das, was er **nicht** hat,
> sondern sich freut über das, was er **hat**.

[Demokrit | *griechischer Philosoph (ca. 460–370 v. Chr.)*]

Geben bringt Freude

Bei meinem letzten Kurzurlaub in der Schweiz erlebte ich eine Über-raschung: Ich bekam eine Postkarte, obwohl ich doch niemand verra-ten hatte, wo ich hingefahren war. Die Karte kam von der Schweizer Post, bei der ich am Vortag einen Brief eingesteckt hatte, der von mir offenbar nicht ausreichend frankiert worden war. Nun schrieb man mir, dass die fehlende Briefmarke ergänzt worden sei und sich der Brief auf dem Weg zum Empfänger befände. Ich solle doch aber bitte den fehlenden Betrag nachträglich entrichten. Über diese Form der amtlichen Großzügigkeit freute ich mich so sehr, dass ich vielen Men-schen davon erzählt habe.

Großzügigkeit oder die Freude am Geben ist eine wunderbare Übung für den Geist, der das Loslassen lernen möchte. Großzügigkeit entwickelt sich schrittweise. Wir können das Geben mit kleinen regelmäßigen Übungen lernen. Da gilt es abzuwägen: Geben wir das, wovon wir glauben, dass jemand anders es braucht oder haben sollte, und schauen wir dabei hin, was angemessen und hilfreich ist? Geben wir aus einem Impuls der Pflicht und des Sollens, oder kann unser Geben Ausdruck von INNERER FREIHEIT sein?

Manchmal fühlt sich der Gebende mehr beschenkt als der Empfangende, zum Beispiel in Hinblick auf inneres Zufriedensein. Man mag einem Bettler einen Fünf-Euro-Schein geben und sich den ganzen Tag über seine eigene Großzügigkeit freuen, während der Empfänger vielleicht denkt: »Na, wenn schon, denn schon, ein Zehner wäre ja wohl auch drin gewesen.«

Ich kannte einen Mann, der seine eigene Freude an der Großzügigkeit dadurch anfachte, dass er kleine Päckchen mit Münzen für Bettler vorbereitete, bevor er sein Haus verließ. Er wickelte Geldstücke in Geschenkpapier, verzierte sie mit winzigen Schleifen, steckte ein paar davon in jede Hosentasche und wartete dann nur noch darauf, endlich angesprochen zu werden, »Haste 'n Euro übrig?«, um in die verdutzten Gesichter zu schauen, wenn er seine Miniatur-Geschenke aus der Tasche zog.

Formen des Gebens

Man kann auf sehr unterschiedliche Weise großzügig sein, das muss sich nicht unbedingt in Geldsummen ausdrücken. Man kann freigiebig umgehen mit Lob und Anerkennung, mit Zeit und Aufmerksamkeit. Wir können Wohlwollen schenken, Versprechen, Sicherheit, Zuverlässigkeit, Furchtlosigkeit, Zeit, ein offenes Ohr, Raum, einen Schlafplatz, Gastfreundschaft. Wir können unser Auto verleihen, eine Massage geben oder ein Essen kochen. Der Fantasie sind keine Grenzen gesetzt. Jeden Morgen können wir uns fragen: »Wem möchte ich heute etwas geben?« Und abends vor dem Schlafengehen fragen wir uns: »Was habe ich heute gegeben?«

> Sich immer wieder in **Freigebigkeit** zu üben – das ist ein **Loslassen,** das großen **Segen** bringt.
>
> [Buddha]

Letztlich geht es immer darum, einem anderen zu zeigen: Ich sehe dich, ich respektiere dich, du bist mir wertvoll. Geben ist Ausdruck von Dankbarkeit, von natürlicher Anerkennung für Menschen, mit denen wir uns verbunden fühlen, ein Gefühl, das wir uns in jedem Moment des Tages in Erinnerung rufen können.

Angesichts der Bedeutung, die großzügiges Loslassen im Buddhismus hat, ist es nicht verwunderlich, dass in den Schriften verschiedene FORMEN DES GEBENS beschrieben werden. Man unterscheidet zögerndes von geschwisterlichem und von königlichem Geben.

Der zögernd Gebende denkt sich: »Alles hat seinen Preis, wer den Cent nicht ehrt…, aber nun gut, ich riskiere es doch mal, ein paar Sachen auszuräumen. Schließlich steht der alte PC nur als Staubfänger herum. Ich könnte ihn zwar vielleicht noch brauchen, wenn der neue mal kaputt ist. Aber da wird sich hoffentlich auch eine andere Lösung finden lassen, also verschenke ich ihn. Geld kann ich dafür eh nicht mehr verlangen.« Oder: »Da ich keine Fernreisen mehr mache, sollte ich besser meine Reiseführer verschenken, und den Entsafter, den ich noch niemals wirklich genutzt habe, könnte ich vielleicht im Tausch gegen ein anderes Haushaltsgerät hergeben.«

Geschwister sind da zuweilen großzügiger miteinander – es bleibt ja in der Familie. Geschwisterliches Geben bedeutet, mich an dem zu freuen, was ich habe, und es gerne mit anderen »brüderlich« zu teilen. Ohne Berechnung, ohne zu überlegen, was es für Nutzen bringt oder was ich im Austausch dafür bekommen könnte. »Ich habe ein Ferienhaus in Spanien, das ich nicht genügend nutzen kann, macht dort bitte auch Urlaub.« Oder: »Alles, was ich weiß, all mein Fachwissen, stelle ich nur zu gerne zur Verfügung, um euch unnötige Fehler zu ersparen.«

Der königlich Gebende aber freut sich so sehr am Glück der anderen, dass er VOM BESTEN GIBT, DAS ER HAT. Ihm ist die Freude der anderen wichtiger als der eigene Besitz. Spontan möchte er sein Glück mit allen teilen. Mir hat einmal, als ich zu Besuch in Kalifornien war, meine großzügige Gastgeberin ihren nagelneuen, mit weißen Ledersitzen gepolsterten Lexus für einen Monat zur Verfügung gestellt. Zuerst mochte ich die Staatskarosse kaum nutzen, weil ich Angst davor hatte, dass sie auch nur einen klitzekleinen Kratzer abbekommen könnte. Doch meine Gastgeberin blieb so gelassen, dass ich immer mehr Gefallen an dieser königlichen Großzügigkeit fand.

Geben heißt Loslassen

In vielen einzelnen Punkten beschreibt die buddhistische Lehre, wie wir am besten Geschenke machen: So sollten wir das Geschenk möglichst selbst überreichen, mit liebevoller Zuwendung und Anteilnahme, immer mit Achtung für den Empfänger, freudig, aus eigenem Antrieb, in dem Wissen über die guten Auswirkungen, die solch ein Geschenk hat.

Wenn wir etwas auf diese achtsame Weise verschenken, spüren wir schon im Moment des Gebens die POSITIVEN FOLGEN für uns selbst: Sobald wir einen anderen Menschen glücklich machen, freuen wir uns darüber. Wir überbrücken also durch Geben die trennenden Kräfte des Habenwollens und der Egozentrik – wir lassen los.

>> **Reich** wird man erst durch Dinge,
die man **nicht** begehrt. <<

[Mahatma Gandhi | *indischer Staatsmann (1869–1948)*]

Wenn wir uns ans Geben gewöhnen, gewöhnen wir uns auch ans Loslassen. So verwirklichen wir das Nicht-Haften an materiellen Dingen. Die eigene Bedürftigkeit verringert sich mit der Zeit, das Mitgefühl wächst, ebenso wie Bescheidenheit und Einfachheit.

In der buddhistischen Lehre hat auch anonymes Geben einen hohen Stellenwert. Wenn der Beschenkte uns nicht mehr mit Dankbarkeit überhäufen kann, wenn der Glanz unserer Gaben nicht mehr auf uns zurückfällt, müssen wir noch viel tiefer loslassen. Dann geht es nur noch um den REINEN AKT des Gebens und Empfangens, ohne damit verbundene strategische Überlegungen über die Folgen des eigenen Tuns. Wer gibt und auf Dankbarkeit hofft, wer sich Achtung damit erringen will, dass er viel gibt, der ist vielleicht mehr am Image interessiert als am Loslassen. Der Brauch, sich selbst als Stifter ein Denkmal zu errichten, entspricht nicht buddhistischem Denken. Wenn überhaupt, dann errichten Buddhisten zu Ehren von anderen ein Denkmal. Im Park eines Meditationszentrums in Kalifornien finden sich Bänke, auf denen Gravurplatten angebracht sind. Auf meiner Lieblingsbank steht: »In liebevoller Erinnerung an meine Großtante Louise.«

Wenn Sie bewusst üben zu geben, kann Ihnen das helfen, im Loslassen flüssiger zu werden. Seien Sie großzügig mit Ihrer Bereitschaft zuzuhören, mit Ihrem Lachen, Ihrem Wissen, Ihrer Anerkennung. Jede Form von spontaner Nachbarschaftshilfe, jeder Dienst am Nächsten wird so zu Ihrem Übungsfeld. Und für die Empfänger heißt es, dankbares Annehmen zu lernen. Offenherziges Empfangen ist das Gegenstück zu großzügigem Geben.

ÜBUNG

Auf tiefer Ebene loslassen

Loslassen setzt ein klares Gegengewicht zum allgegenwärtigen Verlangen. Doch verwechseln Sie es bitte nicht mit »Laissez-faire – mach, was du willst«. Gleichgültigkeit hilft nicht weiter, denn darin steckt immer ein Stück Abwehr und Nicht-genau-hinschauen-Wollen. Das Loslassen möchte aber ganz frei sein von zusätzlichen Bedingungen.

Oft frage ich mich beim Meditieren: »Kann ich noch tiefer loslassen?« Ich spüre die Muskeln, die ich unnötig festhalte, und versuche, mich der Erdanziehungskraft ganz zu überlassen. Wenn ich mir dieselbe Frage fünf Minuten später stelle, entdecke ich wieder ein überflüssiges Halten. Diesmal sind es gedankliche Vorstellungen, Pläne, die ich spinne. »Komm zurück in die Erfahrung des gegenwärtigen Augenblicks«, sage ich mir. Es nimmt kein Ende, auch nicht im Alltag. Das Verlangen entführt mich immer wieder aus der Gegenwart, es weckt dauernd Impulse zum Ergreifen und Festhalten, im Körper wie im Geist. Unsere Achtsamkeit erinnert uns jedoch, loszulassen, so tief es geht.

4

Akzeptanz
und Mitgefühl
entwickeln

→ Alles, was uns unangenehm ist und was wir
deshalb nicht wahrhaben möchten, erregt in
unserem Geist Protest. Vieles, was wir täglich
erleben, ist durchdrungen von Widerwillen
und Ablehnung. Wenn wir lernen, die Dinge
so zu akzeptieren, wie sie sind, und unseren
Widerwillen loszulassen, können wir uns
selbst und anderen wieder mit Mitgefühl und
Großzügigkeit begegnen und Freude an den
kleinen Dingen des Lebens entdecken.

Die Herausforderung:
Widerwille

Wer sich die Freude macht, zum Meditieren in ein asiatisches Kloster zu gehen, lernt seine ablehnenden Geisteszustände wahrscheinlich sehr schnell kennen. Ich hatte mir immer vorgestellt, dass ich dabei still und versunken in einer Bambushütte unter Palmen sitze, durch die ein sanfter Tropenwind streicht. Stattdessen fand ich mich in einer mit Bastmatten verkleideten »Holzkiste«, auf einem sandigen Klostermarktplatz wieder – zusammen mit einer großen, schwarz behaarten Spinne, die ausgerechnet mein Quartier zu ihrem Hauptwohnsitz erkoren hatte. Bei meiner Ankunft im burmesischen Kloster wäre ich im ersten Moment am liebsten sofort wieder abgereist. »Betrachte es als gutes Übungsfeld«, flüsterte ich mir aufmunternd zu. Es tröstete mich, dass auch meine Tischnachbarin mit den ungewohnten asiatischen Gebräuchen haderte. Als wir im Kloster morgens um sechs Fischsuppe serviert bekamen, verweigerte sie mit einem gequälten Lächeln das Frühstück.

In Asien ist alles anders. Toilettenpapier? Gibt es nicht – dafür hat man doch seine Hände. Ruhe? Weit gefehlt! Alle Lautsprecherboxen im Dorf blaken in Richtung Kloster. Ein Gespräch mit dem Abt? Der ist auf Reisen. Meditieren lernen unter diesen Umständen? Wunderbar! Denn hier haben wir die Chance, in aller Deutlichkeit zu erfahren, wie der mit unangenehmen Wahrnehmungen erfüllte Geist sich aufbäumt gegen das, was ist, wie es ist. Gereizt und aufgebracht möchten wir so schnell wie möglich von den sperrigen Gedanken und Empfindungen erlöst werden, die so viel Fremdheit in uns auslösen. Nörgelei und Besserwisserei drehen in uns Pirouetten. Der Körper zieht sich – auf subtiler Ebene – zusammen, das Herz verhärtet sich und wendet sich ab. Aus Bausteinen von Ablehnung bildet sich, ehe wir uns dessen bewusst sind, nur allzu leicht eine Mauer von Böswilligkeit und Hass.

> Hass ist der Überbegriff für
> alle Gedankengebilde, die ablehnen.
> Hass ist die Reaktion auf unangenehme Gefühle.

[Ayya Khema | *deutsche Meditationslehrerin (1923–1997)*]

Ursache Widerstand

Die Herausforderung Widerwille oder Ablehnung nimmt in unserem Geist so viel Raum ein, weil wir gegen alle unangenehmen Erfahrungen spontan Widerstand leisten. Jedes Lebewesen zeigt diese zunächst natürliche Reaktion. Menschen, Tiere und Pflanzen wehren sich gegen Schmerz und Verletzung, indem Sie sich zusammenziehen und dagegen aufbegehren.

Niemand möchte Unangenehmes, geschweige denn Schmerzhaftes spüren. Wenn wir uns mit schwierigen Gefühlen konfrontiert sehen, wenn jemand etwas macht, was wir nicht ausstehen können, verhärten wir uns innerlich. Wir machen uns steif und bäumen uns trotzig auf gegen das Gefühl, das wir nicht haben möchten. Anders ausgedrückt: Wir stemmen uns gegen den Fluss der inneren Empfindungen und lehnen den Kontakt damit ab. Wenn keine Bereitschaft existiert, unangenehme Erfahrungen zu erkunden, kann man sich nur noch dagegen verschließen. So entwickelt sich eine innere Barriere, ein Nicht-Habenwollen, das sich auf der körperlichen Ebene als Erstarren und auf der geistigen Ebene als Verschlossenheit und Rückzug zeigt.

Widerstand ist der Kern all dieser körperlichen und psychischen Reaktionen, die im Inneren Druck und Gegendruck erzeugen. Die miteinander ringenden Kräfte lösen Stressreaktionen aus. Widerstand ist ein Grundbaustein von Stress. Wenn Sie also extrem gestresst sind, könnte es helfen zu fragen: »Was kann ich in diesem Moment nicht

5

leiden?« Kommen Sie bitte nicht mit der Antwort: »Das Wetter!«
Schauen Sie genauer hin. Was wollen Sie jetzt ganz und gar nicht
haben? Wogegen sträubt sich alles in Ihnen? Sie werden eine Antwort
erhalten, die Ihnen vielleicht nicht gefällt. Doch es lohnt sich, Ihr Inneres genau zu erkunden. Sie entdecken nämlich in sich eine Art
»Baumkuchen« mit vielen Schichten von Widerstand über Widerstand, bis schließlich kaum noch nachzuvollziehen ist, woher all der
innere Druck kommt.

Bis an die Wurzeln des Widerstands vordringen

Je mehr Zeit Sie sich nehmen, mit Achtsamkeit dem Stress auf die
Spur zu kommen, das heißt, den Kuchen schichtweise von oben her
abzutragen, desto tiefer dringen Sie an den Kern des Problems vor
und erreichen die Wurzeln Ihres Unwillens. Wenn Sie sich stattdessen
ungebremst in den Widerwillen hineinsteigern, wenn Sie die Gedankenketten ständig weiterspinnen, sind Sie schließlich innerlich so aufgebracht, dass Sie sich spontan verletzend gegenüber anderen und sich
selbst verhalten. Sie kommen vielleicht auf den Gedanken, jemandem
den ganzen Kuchen ins Gesicht zu werfen. Es juckt Ihnen geradezu in
den Fingern, und Sie müssen aufpassen, nichts zu tun, was Sie hinterher zutiefst bedauern. Nur ACHTSAMES INNEHALTEN kann verhindern, dass eine Auseinandersetzung eskaliert. In den meisten Fällen
ist es besser, wenn Sie kurz vor einer Explosion, die zu Verletzungen
führt, aus der Situation herausgehen. Wenn Sie also erst einmal versuchen, die eigene Reaktionskette zu verstehen, und sich fragen: »Was
möchte ich eigentlich erreichen? Welche Absicht verfolge ich?« Wenn
Ihnen das klar ist und die Absicht Ihre eigene Zustimmung findet,
können Sie wieder die Tür zu Ihrem Gegenüber öffnen und schauen,
ob nun ein nicht verletzendes Miteinander möglich ist. Wie das aussehen kann, zeigt das Beispiel von Mutter und Sohn auf Seite 106/107.
Wenn wir Achtsamkeit ins Spiel bringen, bemerken wir, dass bei inne-

ren Kämpfen nicht nur die Gefühle gehemmt werden, sondern auch der Gedankenfluss blockiert wird und in immer engeren Bahnen verläuft. Die Gedanken zirkulieren zwanghaft und nähren dadurch den Aufruhr der Gefühle. Wir fühlen uns körperlich und geistig in die Enge getrieben und bewegen uns wie in einem Korsett. Gelingt es uns nicht, diesen inneren Widerstand durch bewussten, EINFÜHL-SAMEN UMGANG zu lockern, dann wird künftig, wenn wir in die Nähe dieser Empfindung kommen, sogleich eine Barriere da sein. Das kann dann so aussehen:

Sie haben sich vor Jahren über eine Nachbarin geärgert, aber kein großes Theater gemacht, sonder sich stillschweigend zurückgezogen. Seitdem meiden Sie die Nachbarin. Wenn Sie schon in der Ferne auftaucht, denken Sie: »Die blöde Kuh schon wieder!« Durch die Wiederholung von solchen gewohnten Gedankenschleifen prägen Sie sich Ihre einst empfundene Ablehnung mit jeder weiteren Begegnung tiefer ein. Und nicht nur das – Ihr ausgrenzendes Verhalten verstärkt sich noch mehr, weil Sie zunehmend auch noch jene Personen meiden, die guten Kontakt mit der Nachbarin pflegen, die Ihren Unwillen auslöst. Trennendes, urteilendes Denken wuchert wie Unkraut im Geist und nimmt kein Ende. Wie oft hindern uns bewertende Gedanken, auf einen anderen Menschen zuzugehen!

5

> Wie sollte man wohl leben,
> wenn man nicht fortwährend
> bei sich wie bei den andern
> hunderterlei Krumm
> gerade sein ließe. «

[Christian Morgenstern | *deutscher Schriftsteller (1871–1914)*]

Der Widerstand ernährt sich von Gedanken

Je mehr Raum wir den abwertenden, böswilligen Gedanken geben, desto mehr breiten sie sich aus und überschatten unsere Wahrnehmung. Diese Gedankenketten (ich nenne sie die »Geschichte« oder die »story«, die zu unserer Erfahrung gehört) können nur durch innere Entschiedenheit aufgelöst und gelöscht werden. Immer wieder müssen wir versuchen, unser eigenes Empfinden besser zu verstehen, um Widerstandsmuster AUFZUWEICHEN und durch Großzügigkeit, Mitgefühl und Akzeptanz ZU ERSETZEN. Üben Sie wie eine Geistesakrobatin neben all Ihre negativen Gedanken gleich ebenso viele wohlwollende Gedanken zu stellen. Statt also Ihre Ablehnung auf weitere Nachbarinnen auszudehnen, sollten Sie zu diesen ganz bewusst einen guten Kontakt pflegen, in der Hoffnung, dass Sie eines Tages auch wieder die Person einbeziehen können, die Sie jetzt noch meiden.

Im weiteren Verlauf dieses Kapitels werde ich Ihnen eine Reihe von heilsamen Gegengewichten zu der ablehnenden Geisteshaltung vorstellen. Doch zuvor möchte ich Ihnen noch ausführlicher aufzeigen, wie vielfältig und tief greifend wir alle den Widerstand gegen unangenehme Erfahrungen erleben.

Widerwille verstärkt Schmerz und Leid

An der Art, wie wir mit Schmerz und Leid umgehen, wird besonders deutlich, wie wir auf das Unangenehme reagieren. Schmerz ist fast immer unangenehm – wir wollen ihn nicht haben und wehren uns dagegen. Schmerz provoziert Widerstand. Alle biologischen Systeme, also auch Menschen, antworten auf Schmerz, in dem sie sich zusammen- und zurückziehen. Schmerzen sind ein Signal für Ungleichgewicht, für Verletzung und Gewalteinwirkung. Schmerzen – seelische wie körperliche – haben eine Warnfunktion. Sie sind unser »Wachhund«, der anzeigt, dass die Grenze erreicht und überschritten wurde, dass Überreizung oder Verletzung stattgefunden hat. Schmerz ist eine Form von Kommunikation, denn er möchte VERSTANDEN WERDEN – und zwar von uns selbst und nicht nur vom Doktor oder Therapeuten. Allerdings brauchen wir Mut und Entschiedenheit, um den Schmerz achtsam untersuchen zu können.

Wenn wir Schmerz mit Achtsamkeit wahrnehmen und immer genauer hinspüren, erkennen wir, dass er nicht statisch ist. Schmerz wirkt wellenförmig, er möchte fließen, so wie alle Gefühle. Er verwandelt sich dauernd und lässt sich in viele, minutiöse Details unterscheiden, die sich von Sekunde zu Sekunde verändern. Mal ist er ganz subtil, mal fühlt er sich stumpf, mal brennend oder stechend an. Wenn wir den Schmerzfluss unterdrücken, kommt es zu einem Stau, dann erhöht sich der Druck und verstärkt den Schmerz.

Körper und Geist sind untrennbar

Körperlicher und seelischer Schmerz sind jeweils Kehrseiten der gleichen Medaille. Sie bedingen sich gegenseitig. Jeder Gedanke, jedes Gefühl spiegelt sich in einem körperlichen Vorgang wider. Jeder körperliche Vorgang löst auch emotionale Schwingungen aus. Wenn wir körperlich stark erschöpft sind, fühlen wir uns auch psychisch nicht in Hochform. Eine beginnende Grippe erkennen wir manchmal eher am seelischen als am körperlichen Angeschlagensein. Dennoch können wir nicht jeden körperlichen Schmerz auf psychisches Erleben zurückführen, wir können nur sagen: »Der Schmerz, den ich jetzt erlebe, hat gerade diese psychische Wirkung auf mich.« So können uns Zahnschmerzen nervös und ärgerlich machen, weil wir uns selbst ankreiden, dass wir nicht früher zum Zahnarzt gegangen sind. Ständige Magenbeschwerden können uns unterschwellig Angst machen, weil wir uns sorgen, dass sich dahinter eine ernsthafte Krankheit versteckt.

5

Manchmal ist der Geist so entsetzt über den Schmerz, dass er ihn als Strafe ansieht, als böses Zeichen oder persönliche Entwertung. »Dass ich gerade jetzt Kopfschmerzen bekomme, heißt wohl, dass ich kein erholsames Wochenende verdient habe…« Wenn wir so denken, fühlen wir uns auch noch unglücklich und geraten deshalb in Stress. Um den ursprünglichen Schmerz baut sich eine sekundäre Spannung auf. Die Spannung kann sich dann auch noch auf andere Körperbereiche ausdehnen und Atem, Herz und Nervensystem beeinträchtigen. Menschen, die Angst vor Schmerzen haben, bekommen zuweilen schon bei den ersten Anzeichen Panik. Psychische und körperliche Empfindungen beeinflussen sich also gegenseitig, sie rufen einander hervor und gehen oft nahtlos ineinander über.

Wenn Schmerzen und Leiden einen »Sinn« haben, können wir sie in vielen Fällen leichter ertragen. Leiden aus Liebe, für das Vaterland, im Namen Gottes oder auch bei der Geburt sind offenbar leichter zu ertragen als »sinnloser« Schmerz. Wenn wir uns dem Schmerz hilflos ausgeliefert fühlen, erleben wir ihn subjektiv am schlimmsten.

Niemand wird bewusst ohne Leiden.

[Carl Gustav Jung | *Schweizerischer Psychologe (1875 – 1961)*]

Schmerz verlangt Aufmerksamkeit. Aufmerksamkeit verbraucht Energie. Wir alle kennen die Erfahrung, wie anstrengend und entkräftend die Auseinandersetzung mit starken Schmerzen wirkt. Wenn wir plötzlich unter heftigen Zahnschmerzen leiden, können wir uns kaum noch auf etwas anderes konzentrieren. Dennoch ist das Schmerzempfinden individuell und nicht vergleichbar, wir können es nur subjektiv bewerten. »Tut Ihnen das nicht weh?«, fragte mich unlängst meine Zahnärztin verblüfft und fügte hinzu, dass alle anderen schon längst nach einer Spritze verlangt hätten. Das Klagen über den Schmerz ist von Mensch zu Mensch so verschieden, dass man daraus nicht auf die Heftigkeit des Schmerzes schließen kann. Sicher ist aber, dass die Intensität, mit der Sie Ihren eigenen Schmerz erfahren, durch die Art und Weise beeinflusst wird, wie Sie auf den Schmerz antworten. Das heißt, mit wie viel Widerstand Sie ihm begegnen. Je heftiger Ihr innerer Protest gegen das unangenehme Gefühl ist, desto stärker packt es Sie und erschüttert Sie in Ihren Grundfesten.

Widerstand verstärkt Leiden

In der Pali-Sprache, die zu Buddhas Zeit gesprochen wurde, heißt Leiden »Dukkha«. Im Buddhismus ist Dukkha ein zentraler Begriff. Er bezeichnet eine der Grundeigenschaften, die Buddha dem Leben zuschreibt. Deshalb hört man oft die beliebte Kurzformel »Der Buddhismus sagt: Leben heißt Leiden.«

Wörtlich übersetzt bedeutet Dukkha schwer oder schlecht laufend und bezieht sich auf eine Radnabe, in der stets Sand knirscht. Der Begriff Dukkha wird auch übersetzt als »unmöglich zu erfüllen, unfähig zu befriedigen« und weist darauf hin, dass das Leben immer im Wandel begriffen ist, dass es keine Sicherheit gibt, dass Sand im Getriebe Glücklichsein und Leichtigkeit stets behindert.

Kein Lebenslauf vollzieht sich problemlos flüssig. Alle Menschen erfahren Schmerz, verlieren geliebte Angehörige, altern und sterben. Statt »Leben heißt Leiden« könnte man besser sagen: »Leben heißt Herausforderung durch unablässigen Wandel.«

Die zentrale Aufgabe für alle Suchenden auf dem buddhistischen Weg ist nun herauszufinden, WIE UND WORAN WIR LEIDEN. Dann gilt es zu erkennen, dass wir unser eigenes Leid verlängern, wenn wir unangenehme Erfahrungen nicht verstehen und um jeden Preis vermeiden wollen. Wir vergrößern also unser Leiden dadurch, dass wir Schmerzen ablehnen.

5

Der Umgang mit körperlichem Leiden

Uns allen ist gemeinsam, dass wir auf Schmerz mit Anspannung reagieren. Das gleiche Quantum an Schmerz kann aber völlig unterschiedlich erlebt werden, je nachdem, wie stark wir uns innerlich dagegen wehren. Reagiert der Geist beunruhigt, nervös und reizbar auf den Schmerz, wirkt das auf den Körper zurück. Begegnen wir dem Schmerz dagegen entspannt, akzeptierend, voller Mitgefühl für uns selbst, dann können wir ihn viel eher als das sehen, was er ist: Ein Signal, das gehört werden möchte, das zwar unangenehm ist, aber nicht mit Widerwillen aufgenommen werden muss. Das Erforschen unserer Antwort auf den Schmerz, unserer Haltung oder Beziehung zum Schmerz ist ebenso wichtig, wie seine Ursachen zu erkunden.

Was kann uns helfen, unsere Beziehung zum Schmerz zu erkennen und zu verwandeln? Der wichtigste Lernschritt, den wir durch die MEDITATIONSPRAXIS machen, ist die Erkenntnis, dass wir in der Gegenwart etwas anderes erleben, als wenn wir in unseren angstvollen Gedanken verloren gehen. Es besteht ein großer Unterschied zwischen unseren Vorstellungen von einem Ereignis und der tatsächlichen Erfahrung. Wir haben zwar keine Macht über den Schmerz, wir können ihn nicht willkürlich verjagen, aber wir können beeinflussen, welche Haltung wir zu ihm einnehmen. Schmerz muss uns nicht schwächen, er kann uns auch stärken. Er muss uns nicht klein machen, sondern kann uns auch wachsen lassen.

Was haben Sie bisher über Schmerzen gelernt? Welche Einsichten möchten Sie davon an Ihre Kinder weitergeben? Sehen Sie einen Sinn in Schmerzen? Versuchen Sie, Schmerz und Leid als zwei getrennte Erfahrungen anzusehen. Wenn Sie verstehen, dass der innere Widerstand gegen körperliche oder psychische Schmerzen Ihr Leiden nur unnötig verstärkt, sind Sie einen großen Schritt weitergekommen.

Körperliche Schmerzen verstehen lernen

→ Nehmen Sie sich eine halbe Stunde Zeit, um achtsames Wahrnehmen von Schmerz zu üben. Sie können sich dabei gerne Notizen machen. Fragen Sie sich:

- Welcher körperliche Schmerz taucht bei mir immer wieder auf?
- Wie oft kommt er? In welchen Situationen?
- Welchen Namen gebe ich dem Schmerz?
- In welchem Körperbereich liegt das Schmerzzentrum?
- Welchen tatsächlichen Raum nimmt der Schmerz im Körper ein?

→ Verfolgen Sie die Umrisse des Schmerzes. Welche Form hätte er, wenn Sie ihn zeichnen wollten? Welche Farben und Klänge fallen Ihnen dazu ein?

- Welche körperlichen Empfindungen gehören zu Ihrem Schmerz?

→ Benennen Sie mehrere Eigenschaften. Etwa: »Er wirkt betäubend, er sticht…«

- Welche Emotionen gehören dazu? Etwa: »Ich fühle mich bestraft, entwertet…«
- Welche inneren Bilder passen zu diesem Schmerz?
- Welche Gedanken und Glaubensvorstellungen gehören dazu? Gibt es einen Kernsatz, der für Sie zu diesem Leiden gehört? Etwa: »Das habe ich seit meiner Jugendzeit, das wird auch immer so bleiben.«
- Wenn Ihr immer wiederkehrender Schmerz einen Satz zu Ihnen sagen könnte, wie würde er dann lauten?
- Was braucht der Schmerz, um zu heilen?
- Gibt es eine innere Weisheit, die in ihm verborgen liegt?

→ Versuchen Sie abschließend, sich selbst mit diesem Schmerz als leidendes Wesen zu sehen, und sagen Sie etwa: »Ich wünsche dir von ganzem Herzen, dass dieses Leiden auch einmal ein Ende finden wird.«

→ Prüfen Sie, ob Ihr Mitgefühl für sich selbst wirklich fühlbar wird. Falls nicht, üben Sie diese innere Einstellung (→ Seite 150).

5

Der Umgang mit emotionalem Leiden

Psychisches Leiden gehorcht den gleichen energetischen Gesetzen wie das körperliche Leiden. Auch im psychischen Raum erfolgt Ausdehnung – Expansion – aufgrund angenehmer Empfindungen und Zusammenziehen – Kontraktion – als Reaktion auf unangenehme Erfahrungen. Und psychisches Leid wird ebenfalls durch die Intensität des Widerstands, des Nicht-akzeptieren-Wollens gesteigert. Leiden im Gefühlsbereich wird in der buddhistischen Psychologie als unerfülltes Verlangen nach angenehmeren Empfindungen interpretiert.

Vielen Erwachsenen ist die Welt der Gefühle und inneren Empfindungen wenig bekannt. Sie bekommen Angst, wenn starke Gefühle sie ergreifen, wenn ihr Körper sich auf unverständliche Weise meldet, beispielsweise durch schnelles Herzklopfen, Schweißausbruch oder Schwindelgefühl. Ungewohnte körperliche Empfindungen werden leicht als »nicht in Ordnung – wahrscheinlich krank« gedeutet. Irritierende Empfindungen im inneren Raum erscheinen als Gefahr. Starke Emotionen wirken für manche BEÄNGSTIGEND, sogar überwältigend und sollen so schnell wie möglich vorübergehen.

In der heutigen Zeit ist die Wahrnehmung vieler Menschen ganz nach außen gerichtet. Sie fühlen sich irritiert von inneren Mächten, auf die sie scheinbar keinen Einfluss haben. Ich kenne Menschen, deren Gefühle manchmal so weit überlagert und VERDRÄNGT sind, dass sie gar nichts mehr empfinden können. Auf die Frage: »Was spürst du jetzt in dir, in deinem Körper?«, kommt die hilflose Antwort: »Ich weiß nicht, was ich spüre. Ich weiß auch nie, wie ich mich entscheiden soll, denn ich spüre nicht, was richtig und wichtig für mich ist.« Diese Menschen sind nicht in der Lage, ihre inneren Erfahrungen zu benennen.

Während also einige von uns ständig von ihren Gefühlen überwältigt werden, können andere gar kein Gefühl entdecken oder haben keine

Worte für das, was sie fühlen. Solange wir keine Sprache haben, um die erregenden inneren Gefühlsbewegungen zu erfassen, erleben wir uns als Opfer unserer Gefühle. Wir BRAUCHEN SPRACHE, um Gefühlen eine Form zu geben und mit ihnen umgehen zu können.

Was sind schwierige Gefühle?

Schwierige Gefühle zeichnen sich dadurch aus, dass man sie nicht haben will, wenn sie auftauchen. Sie kommen so ungelegen wie der Zollbeamte, der genau den Koffer öffnen lässt, in dem die verbotene Schmuggelware steckt. Oder sie sind wie der Wolkenbruch zu Beginn einer Tageswanderung, der uns völlig durchnässt vor die Frage stellt: »Umkehren oder weitergehen?«

Schwierige Gefühle sind unberechenbar. Meiner eigenen Erfahrung nach sind sie mir entweder nicht bewusst oder sie passen mir nicht – ich lehne sie ab, wenn sie auftauchen. Schwierig sind für mich Gefühle, die mein körperliches und seelisches Wohl bedrängen und mich in Richtungen lenken, die mit meinem Verstand nicht in Einklang zu bringen sind. Seit einigen Jahren brauchen meine Eltern von meiner Schwester und mir immer mehr Unterstützung. Trotz allen guten Willens stoßen wir beide von Zeit zu Zeit an unsere Grenzen. Ich reagiere manchmal mit Wut auf die Hilflosigkeit meiner Eltern. Mein Verstand sagt: »Sie können nichts dafür, mir wird es vielleicht selbst im Alter so ergehen.« Mein Gefühl dagegen sagt: »Jetzt reicht es, künftig sollen sie sich eine andere Person suchen, die damit besser fertig wird.« Ich möchte gleichzeitig davonlaufen und bleiben. Das ist natürlich unmöglich. Diesen Widerspruch zwischen Verstand und Gefühl innerlich auszuhalten und wohlwollend anzunehmen kostet mich viel Kraft, die ich eigentlich gerne für andere Dinge zur Verfügung hätte.

Jeder Mensch hat seine Palette von schwierigen Gefühlen, die er nicht haben will, Gefühle, mit denen unangenehme Erinnerungen oder ungelöste Konflikte verbunden sind. Aus Wut oder Ärger, auch aus Lust

5

oder Gier tun wir Dinge, die wir später bereuen. Denn Emotionen, die im Untergrund brodeln, haben oft einen sehr starken Einfluss auf unsere Wahrnehmung und unser Verhalten. Sie ergreifen uns mehr, als uns lieb ist, sie erscheinen nicht kontrollierbar. Wir fühlen uns überwältigt und haben den Eindruck, hinter dem Gefühl zu verschwinden. Der innere Raum wirkt so bedrängt, dass wir kaum noch frei atmen können. Oder er ist erfüllt mit einer diffusen Reizbarkeit, die uns bedroht und beeinträchtigt.

Zwei Gefühle, die den meisten Menschen Probleme machen, möchte ich nun ausführlicher betrachten: FURCHT UND ÄRGER.

Furcht und Angst verhindern klares Denken

Furcht ist das Gegenteil von Liebe, das Gegenteil von Offenheit. Furcht schließt aus, während Liebe alles vereint. Furcht ist das Gefühl, das uns überkommt, wenn wir uns bedroht fühlen. Wer sich fürchtet, verschließt sich und zieht sich zurück. Furcht hat immer damit zu tun, eine unangenehme Erfahrung nicht haben zu wollen. Wir fürchten uns vor Schmerz, vor Abwertung, Hilflosigkeit, Verlust und Tod. Furcht ist unser Nein zu dem, was wir nicht mit Selbstverständnis und unserem Begehren vereinbaren können.

Meistens ist Furcht die Folge von Gedanken, die uns aus der Gegenwart herausziehen. Furchtgedanken formen eine bedrohliche Vorstellung von etwas, das geschehen könnte, vielleicht weil es auch schon in früheren Zeiten passiert ist. Wir erschrecken uns selbst mit diesen Gedanken und möchten dann davor wegrennen. »Im Keller wohnt ein Krokodil, und wenn ich im Dunkeln hinuntergehe, beißt es mich«, so denkt das kleine Kind und wagt nicht, die Kellertür zu öffnen. Der Erwachsene stellt sich vor, was alles passieren könnte, wenn er allein verreist, und schmiedet deshalb keine Urlaubspläne ohne Begleitung. Furcht benebelt unsere Gedanken, sie vereitelt, dass wir erkennen, was uns wirklich hindert. Unter dem Einfluss von Furcht werden wir schnell nervös und übererregt. Zu viel Furcht macht uns müde oder gleichgültig, bewirkt sogar Apathie. Furcht zeigt sich auch in der Angst vor Veränderung, wenn wir allzu fest am Gewohnten haften. Im Geist bewirkt Furcht GEDANKENSCHLEIFEN mit bedrohlichen Bildern, Worten, Szenen, die wir immer wieder durchspielen.

Ich habe die Erfahrung gemacht, dass sich Furcht und Angst schwer unterscheiden lassen. Furcht ist vielleicht umfassender, eher auf die Zukunft ausgerichtet, bezieht sich auf eine angenommene Gefahr, während sich Angst als spontane Reaktion auf konkrete Bedrohungen zeigt. Aber ich erlebe es so, dass die meisten Menschen diese beiden Begriffe für ganz ähnliche Gefühle benutzen. Zu den vielfältigen körperlichen Empfindungen, die wir unter Begriffen wie Furcht oder Angst zusammenfassen, gehören Erstarren, sich verkrampfen, Zittern, Übelkeit, Atemnot, Schwindel, Herzrasen, Schweißausbrüche, trockener Mund, feuchte Hände, kalte Füße und Durchfall. Unter dem Einfluss von Furchtgedanken wird das vegetative Nervensystem regelrecht durchgerüttelt.

In dem Ausmaß, in dem wir aufhören, gegen Ungesichertheit und Ungewissheit anzukämpfen, in dem Ausmaß löst sich unsere Furcht auf.

[Pema Chödrön | *amerikanische Meditationslehrerin*]

Ärger und Wut produzieren Spannungen

Ärger und Wut steigen in uns auf, wenn etwas, das uns wichtig ist, in Frage gestellt wird. Ärger und Wut sind unterschiedlich starke Gefühlsreaktionen auf die Erfahrung, dass wir etwas begehren und nicht bekommen. Beide Gefühle haben ihre Funktion darin, dass wir unser eigenes Selbst erkennen und unserem Gegenüber signalisieren, was es tun oder lassen sollte. Ob und wie Ärger ausgedrückt wird, hängt von den stillen Übereinkünften im Zusammenleben ab. Verschiedene Kulturen geben Ärger völlig unterschiedliche Bedeutung. Doch alle Menschen werden wütend, wenn jemand die unausgesprochenen Regeln verletzt und sich nicht so benimmt, wie es sich scheinbar gehört.

Ärger wird nicht durch ein Ereignis ausgelöst, sondern durch unsere INTERPRETATION des Ereignisses, unsere Glaubensvorstellung von dem, was zu geschehen hat. Unser Ärger verweist uns stets auf einen Ort in uns selbst, wo es wehtut, um den wir uns kümmern müssten. Ärger hat immer seine Berechtigung, denn wir empfinden das Gefühl, weil es unserer inneren Wahrheit entspricht, nicht weil es eine objektiv berechtigte Ursache hat. Ob und wie wir dieses Gefühl zum Ausdruck bringen, das ist eine Frage des Lernens und der Selbst-Disziplin.

>> Wenn wir wütend sind, glauben wir
irgendwie immer, wir könnten
den Gegenstand unserer Wut beeinflussen.
Wir nehmen an, dass der andere
für seine Haltung verantwortlich ist
und sich anders verhalten sollte. «

[Joseph de Rivera | *US-amerikanischer Psychologe*]

Es kommt selten vor, dass uns jemand wütend macht, der uns nichts bedeutet. Wut und Ärger sind Zeichen von Bindung, unvermeidliche Gefühle in nahen Beziehungen, weil Menschen immer unterschiedliche Meinungen und Grenzen haben, die miteinander kollidieren.

Ärger will bestimmen, wie wir miteinander umgehen, was erlaubt ist und was nicht erlaubt ist. Empfunden wird Ärger in allen Kulturkreisen. Wie die Menschen damit umgehen, ob sie ihn aktiv oder passiv ausdrücken, ob sie fluchen oder auf den Tisch hauen, das ist Ausdruck ihrer Kultur und ihres Charakters. Aktiv wird Ärger ausgedrückt durch das Erheben der Stimme, Veränderung der Mimik und Gestik. Die Muskelspannung verändert sich, Hitze- oder Kältegefühle steigen auf, manche meinen zu ersticken oder zu platzen, sie erbleichen oder laufen rot an, das Gesicht verfinstert sich, der Blick wird starr und bohrend.

Passiv ausgedrückter Ärger vermittelt sich durch Rückzug, Bestrafung, Zurückweisung, Weigerung zu kooperieren und so fort. PASSIVER ÄRGER ist jedoch kein Ausdruck von erwachsenem Verhalten, weil man damit nicht die Verantwortung für sein Gefühl übernimmt. In Beziehungen führt passiver Ärger zu Kälte und Erstarrung. Manche Ehepaare sind dafür ein trauriges Beispiel. Sie haben sich so miteinander arrangiert, dass sie sich nicht mehr über bestimmte Eigenschaften des Partners aufregen wollen. Sie bleiben äußerlich ruhig, sind innerlich aber trotzdem aufgebracht und wütend. Jedes Mal, wenn wir denken, »Ich möchte diesen Menschen am liebsten in der Luft zerreißen«, ist es, als würden wir einen Löffel Gift schlucken, auch wenn wir uns nach außen hin nichts anmerken lassen. Dieses Gift sammelt sich, es schlägt sich als Groll im Herzen nieder und führt schließlich zur Entfremdung. Auch am Arbeitsplatz finden diese Prozesse statt. Ob wir die ärgerlichen Reibereien jahrelang in uns sammeln oder gleich wieder vergessen und loslassen können, hängt unter anderem davon ab, wie viel Handlungsspielraum wir dem Gegenüber innerlich zugestehen.

Am besten ist es, wenn wir nicht zu eng an unseren eigenen Vorstellungen haften. Denn Ärger, der immer wieder unbewusst zurückgehalten wird, entlädt sich eines Tages in vielleicht nicht wiedergutzumachenden Wutausbrüchen, oder er staut sich auf, bis zur Depression. Im Extremfall gefriert er sogar zu Hass.

5

Wege aus dem Widerwillen:
Loslassen lernen

Nachdem Sie sich damit beschäftigt haben, in wie vielen Formen Ablehnung erscheinen kann, ist Ihnen sicher deutlich geworden, dass wir äußerst selten frei davon sind. Körperliche Schmerzen und schwierige Gefühle werden uns immer begleiten, doch wir können lernen, uns nicht ihrem Diktat zu unterwerfen. Wir können unangenehme Gefühle erleben, ohne gleich darauf zu reagieren.

Buddha hat erkannt, dass es auf die Einstellung zu unseren Erfahrungen ankommt. Er lehrt uns auf vielerlei Weise, den Widerstand aufzulösen und konkrete Formen des Loslassens zu praktizieren: Akzeptanz, Großzügigkeit, Dankbarkeit, Hilfsbereitschaft, Bescheidenheit, Mitgefühl und bedingungslose Liebe sind Qualitäten, die ein heilsames Gegengewicht zu dieser Herausforderung bilden. Widerwillen und Böswilligkeit werden durch das Verständnis von Leiden aufgelöst. Leiden kann uns bescheiden stimmen und öffnet unser Herz für Solidarität und Mitgefühl. Wenn ich in meinem Schmerz spüre, wie sehr ich mich nach Verständnis und Unterstützung sehne, bin ich viel eher bereit, anderen, denen es ähnlich ergeht, auch die Hand zu reichen.

Körperlichen Schmerz bewältigen

Wir reagieren auf den Schmerz von anderen Menschen genauso, wie wir auf unseren eigenen reagieren. Je mehr wir unser eigenes Leid verstehen, desto tiefer können wir es bei anderen mitempfinden.

Wer unter körperlichen Schmerzen leidet, befindet sich oft in einer Lebenssituation, die ihm keine Wahl lässt. Der Schmerz erzwingt unsere Beachtung. Wenn Sie Ihren Schmerz mit der Übung auf Seite 127 erkundet haben, möchten Sie vielleicht noch ein Stück weitergehen und

134

versuchen, den Schmerz aktiv zu lösen. Bei manchen Schmerzen ist das möglich, bei anderen geht es leider nur darum, eine Form der Akzeptanz zu suchen, die es ermöglicht, mit dem Schmerz zu leben, wenn alle medizinischen Mittel ausgeschöpft wurden.

Achtsamkeitstraining als Schmerzmittel

In der Medizin wird in den letzten Jahren zunehmend die heilsame Kraft der Achtsamkeitsmeditation entdeckt. Pionier auf diesem Gebiet ist der amerikanische Arzt Jon Kabat-Zinn, der chronischen Schmerzpatienten, denen niemand zu helfen wusste, ein achtwöchiges Achtsamkeits-Übungsprogramm verordnet hat. Forschungsergebnisse haben gezeigt, dass regelmäßige Atem-Achtsamkeitsübungen zu signifikanten Änderungen für die Schmerzpatienten führen. Inzwischen gibt es auch in Deutschland Ausbildungsgänge in MBSR (Abkürzung für den englischen Ausdruck »Mindfulness Based Stress Reduction«), die Medizinern und Menschen in helfenden Berufen zeigen, wie Achtsamkeit das SCHMERZBEWUSSTSEIN VERÄNDERT.

Die Teilnehmer dieser Ausbildungskurse lehren in ihren Kliniken zum Teil auch das, was hier im Buch vermittelt wird: körperliche Empfindungen von den Gedanken und Gefühlen zu unterscheiden – so wie Sie es in den Grundlagen der Achtsamkeit geübt haben (→ Übungen Seite 25 und 28). Auf diese Weise verringert sich die Identifikation mit dem Schmerz. Schmerzpatienten denken nicht mehr »Ich bin mein Schmerz«, sondern sie erkennen Schmerz als Phänomen mit vielen unterschiedlichen Eigenschaften an. Sie üben, sich um körperlichen Schmerz herum zu entspannen, sodass innerer Raum neben dem Schmerz entsteht. Wenn die Patienten erkennen können, dass es im Körper auch Bereiche gibt, die nicht vom chronischen Schmerz betroffen sind, fühlen sie sich aus seiner Umklammerung befreit. Der Schmerz verliert seine Alleinherrschaft, und die Patienten entdecken, dass ihr Leben wieder Freude machen kann (→ Adressen Seite 156).

5

Der kleine Wunder-Heiler

Wenden Sie diese Übung an, wenn Sie Schmerzen haben und herausfinden möchten, ob Sie sich selbst helfen können.

→ Nehmen Sie sich etwa eine halbe Stunde Zeit und legen Sie sich flach hin.

→ Untersuchen Sie Ihren Schmerz zunächst so, wie ich es in der Übung auf Seite 127 beschrieben habe.

→ Wenn Sie ein klares inneres Bild von Ihrem Schmerz haben, stellen Sie sich vor, dass Sie Ihren Atem direkt zu dem schmerzhaften Bereich im Körper hinlenken. Beim Einatmen fließt der frische Atem zum Schmerz hin, mit dem Ausatmen strömen die schwierigen Gefühle, die Übelkeit, der Druck, all die unterschiedlichen Schmerzempfindungen, hinaus. Atmen sie zehn Mal mit dieser Vorstellung ein und aus.

→ Nun rufen Sie vor Ihr inneres Auge einen kleinen, gewitzten Heiler, der alle Kräfte besitzt, die Ihren Schmerz beseitigen können. Dieser Mini-Heiler reitet auf Ihren Atemwellen in Ihrem Körper genau zu dem schmerzhaften Ort. Er schaut sich dort um und will herausfinden, was heilend wirken kann. Vielleicht braucht er einen Kehrbesen oder Hammer und Meißel. Vielleicht möchte er ein Fass voll Honig besorgen oder wärmendes Licht aufstellen. Alles, was gut tut, ist ihm möglich. Er bringt mit der Kraft Ihrer Vorstellungsgabe Werkzeuge und Hilfsmittel über den Atem in den Körper und macht sich an die Arbeit. Sie schauen ihm dabei zu und spüren die Wirkung im Körper. Ihr Atem fließt ständig weiter zu dem kleinen Wunder-Heiler hin. Vielleicht muss er noch einmal hinaus und andere Dinge holen, um seine Arbeit abschließen zu können.

→ Wenn Sie das Gefühl haben, nun hat er sein Werk vollendet, dann bedanken Sie sich bei dem kleinen Kerl und lassen ihn mit dem Ausatmen davonfliegen.

→ Nehmen Sie sich abschließend genügend Zeit zum Ruhen und Nachspüren. Hat sich Ihr Schmerz verändert?

Schwierige Gefühle meistern

Aus meinen Erfahrungen im Umgang mit schwierigen Gefühlen in der buddhistischen Meditationspraxis habe ich die folgenden Anregungen für Sie zusammengestellt. Sollten Ihre unangenehmen Gefühle jedoch traumatischen Ursprung haben, dann brauchen Sie professionelle Hilfe. Sie erleben die schwierigen Gefühle dann als zu überwältigend, weil die frühen Erfahrungen, die diese Gefühle noch heute in Ihnen hervorrufen, von Ihnen erst einmal verstanden und verarbeitet werden müssen. Das kann mit den Übungen in diesem Buch nicht geleistet werden.

1. Schenken Sie Ihren schwierigen, unangenehmen Gefühlen Raum, Zeit und Geduld. Laufen Sie nicht vor ihnen weg. Schauen Sie zu unangenehmen Gefühlen hin, ohne die Gefühle damit zu verstärken.

2. Spüren Sie schwierige Gefühle im Körper, indem Sie sich so genau wie nur möglich darauf konzentrieren, was Sie im Körper erleben, was sich dort bewegt. Achten Sie also darauf, wie sich das jeweilige Gefühl als Körperempfindung zeigt und wo seine Quelle steckt, von woher in Ihrem Körper es aufsteigt. Bleiben Sie so lange und konsequent wie möglich bei den Körperempfindungen.

3. Beachten Sie, was in Ihrem Geist passiert. Welche Gedanken, welche wiederkehrenden Vorstellungen, Worte, Geschichten gehören zu diesem Gefühl, während Sie es im Körper so deutlich spüren?

4. Benennen Sie alle Wahrnehmungen in Körper und Geist, finden Sie Namen dafür, auch Bilder, Symbole und Vergleiche. Die Sprache hilft Ihnen, Ihre Gefühle zu fassen.

5. Lassen Sie das Gefühl sprechen. Welchen kurzen, klaren Satz würde das Gefühl sagen, wenn es reden könnte? Was würde die Liebe dem Gefühl antworten?

6. Überlegen Sie sich, was Sie brauchen, um Ihr Gefühl zu akzeptieren. Welche innere Haltung nehmen Sie dazu ein?

5

7. Sagen Sie Ja zu Ihrem Gefühl. Sagen Sie sich: »Auch wenn diese Empfindungen schwierig und herausfordernd sind, sind sie dennoch Ausdruck meiner inneren Lebendigkeit. Ich kann fühlen, ich bin nicht stumpf und leblos – im Gegenteil, ich bin dankbar, dass ich so viele verschiedene Regungen in mir entdecken kann. Deshalb gebe ich diesem Gefühl Raum in meinem Inneren und unterdrücke es nicht.«

8. Üben Sie auch die Möglichkeit, Ihre Gedanken bewusst auf angenehmere Inhalte zu konzentrieren. Dadurch schaffen Sie einen Ausgleich zu dem schwierigen Gefühl.

Furcht mit Fingerspitzengefühl erforschen

Nach diesen eher allgemeinen Hinweisen zum Umgang mit schwierigen Gefühlen möchte ich Ihnen konkrete Lösungen für Furcht darstellen, damit Sie dazu eine andere Einstellung gewinnen können. Nähern wir uns diesem schwierigen Gefühl am besten in kleinen Schritten, um es auch innerlich verarbeiten zu können. Wenn wir uns überfordern und zu viele Ängste auf einmal heraufbeschwören, dann fühlen wir uns überwältigt und können nicht verdauen und integrieren, was wir empfinden. Wir brauchen also Einfühlungsvermögen und Fingerspitzengefühl im Umgang mit Furcht. Konfrontieren Sie sich zunächst mit den kleinsten, später dann mit den größeren Ängsten. Versuchen Sie, den Kontakt mit Ihrer Furcht flüssig und lebendig zu gestalten, die Furcht nicht in rigiden Geschichten erstarren zu lassen, die Sie sich wieder und wieder im Geist selbst erzählen. Zum Beispiel: »Ohne die Hilfe meines Mannes schaffe ich es nicht, den Computer zu benützen.« Oder: »Ich wage nicht, den Führerschein zu machen, weil meine Mutter bei einem Autounfall gestorben ist.« Gefühle wollen sich in uns bewegen, sie haben eine Fließrichtung. Geschichten dienen dazu, den Fluss zu stoppen. Wenn wir lernen, mehr auf den Körper und seine Bedürfnisse als auf den Inhalt bekannter Storys zu hören, wird sich etwas für uns verändern. Versuchen Sie zu fühlen, welche Energien die Geschichte nähren. Was bleibt von Ihrem schwierigen Gefühl übrig, wenn Sie der Geschichte keine Beachtung schenken? Es bewegt sich so vieles im Körper, das wahrgenommen werden möchte.

VERANTWORTUNG ÜBERNEHMEN

Wer sich fürchtet, fühlt sich bedroht und ist daher schutzbedürftig. Als wir klein waren, haben uns unsere Eltern beschützt. Inzwischen haben wir wahrscheinlich genügend erwachsene Anteile in uns, die es uns ermöglichen, uns selbst zu schützen. Dennoch nutzen wir häufig so unerwachsene Schutzmaßnahmen wie die FURCHT ZU VERDRÄNGEN. Wie viele versuchen sich zu retten, indem sie nicht genau hinschauen! Neben der Bereitschaft, der Furcht zu begegnen, müssen wir auch entschlossen sein, uns Schutz zu geben. Schutz kann unendlich viele Formen haben. Es kann bedeuten, dass wir uns Zeit nehmen, um nicht unter Druck handeln zu müssen, es kann heißen, dass wir im Zweifelsfall eine Begleitperson mitnehmen oder einen Vertrag fordern…

Im gleichen Maße, wie wir uns Schutz gewähren, können wir damit aufhören, unsere Furcht zu leugnen, und so unsere Kraft in die Bewältigung statt in die Verdrängung stecken. Es beginnt also damit, dass wir zugeben, dass wir uns fürchten. Dass wir bereit sind, alles Erleben im gegenwärtigen Moment im Körper wahrzunehmen. Unser Körper sagt: »Das schaffe ich nicht. Das macht mir Angst.« Er sagt aber auch: »Gib mir Zeit, übe dich in Selbst-Fürsorge.«

Ich habe die Erfahrung gemacht, dass auch der stärkste Charakter von Furcht ergriffen wird, wenn neue Herausforderungen zu bestehen sind. Angst und Erregung gehören zu WANDLUNGSPROZESSEN. Wer sie nicht haben will, verstärkt sie indirekt durch seinen Widerstand. Wer sie jedoch annehmen kann, sagt sich: »Es ist ganz natürlich, vor dem Unbekannten, das jetzt vor mir liegt, Angst zu haben«, und schafft es, Schritt für Schritt seine Aufgabe zu erfüllen, selbst wenn dabei auch unangenehme Erfahrungen durchlebt werden müssen.

5

Sicheren Boden bewahren: »Grounding«

In der Sprache der Körpertherapeuten gibt es den Begriff Grounding. Damit ist gemeint: Sicher auf dem eigenen Boden stehen und diesen auch als Halt erleben. Grounding heißt auch, Wurzeln schlagen, damit man nicht abhebt und vor lauter Angst kopflos wird. Je stärker Ihre Körperwahrnehmung wird, desto einfacher ist der Umgang mit Furcht. Sie können das Grounding jederzeit üben. Es kann nicht zu viel vorbeugend geprobt werden, denn in Situationen von akuter Angst erinnern Sie sich dann leichter daran.

1. Körperliches Grounding

→ Spüren Sie, egal ob Sie sitzen oder stehen, Ihre Füße auf dem Boden. Schicken Sie Ihre Aufmerksamkeit immer wieder zu den Fußsohlen und fühlen Sie, wie das Gewicht des Körpers durch die Füße an die Erde abgegeben wird.

→ Versuchen Sie Ihren Atem in Ihrer Vorstellung bis in die Fußsohlen zu lenken. Gehen Sie beim Ausatmen in Ihrer Vorstellung sogar noch über die Fußsohlen hinaus bis hin zum Mittelpunkt der Erde.

→ Entspannen Sie sich dabei. Stellen Sie sich vor, Sie werden weicher und breiter, Ihr Körper wird durchlässiger, sodass die Erregung, die sich als Angst oder Anspannung manifestiert, möglichst ungehindert durch Sie hindurchfließen kann und nirgends festgehalten wird.

→ Falls Begleiterscheinungen wie Zittern, feuchte Hände, kalte Füße, Schwindel oder Herzrasen auftauchen, akzeptieren Sie diese, ohne sich dagegen aufzulehnen. (Beachten Sie bitte den Hinweis zu traumatischen Erfahrungen auf Seite 137.)

→ Alles, was Sie nicht haben möchten, lassen Sie in Ihrer Vorstellung in den Boden abtropfen. Ihre Knie sind dabei weich, nicht durchgedrückt.

→ Geben Sie immer wieder Ihr ganzes Gewicht vertrauensvoll an die Erde ab.

2. Gedankliches Grounding

Sie können sich in jeder Körperposition auf Ihre Gedanken besinnen. Probieren Sie aus, welche Abschnitte dieser Übungen Ihnen sinnvoll erscheinen – den Rest lassen Sie einfach weg.

→ Bitten Sie im Geist um Hilfe. Stellen Sie sich etwa vor, dass Sie von einem inneren Schutzgeist begleitet werden. Manchmal hilft es, ein Schutzobjekt nah am Körper zu tragen. Das kann ein Handschmeichler sein, den Sie in der Hosentasche spüren können, oder ein Schal, der sich um Ihren Hals schmiegt.

→ Konzentrieren Sie sich gedanklich auf eine positive Vorstellung, statt Furchtgedanken zu nähren. Sie können sich sagen: »Ich bleibe ein wertvoller Mensch, auch wenn ich die Prüfung nicht bestehe (den Job nicht bekomme).«

→ Versuchen Sie, Gefühle der Ohnmacht zu verwandeln in den Gedanken: »Ich habe folgende Möglichkeiten.« Statt zu denken: »Mein Vater hat mich noch nie akzeptiert«, sagen Sie sich: »Ich habe die Möglichkeit, auch ohne die Anerkennung meines Vaters glücklich zu werden.«

→ Hören Sie, welche Gedanken und Geschichten im Geist zu den Körperempfindungen ablaufen. Nehmen Sie die Bilder, die Sie sehen, und die Gedanken, die dazu kommen, getrennt voneinander wahr. Die Körperempfindung kann zum Beispiel ein Schweißausbruch sein, das dazugehörige Bild, wie Sie vor versammelter Mannschaft stehen und kein Wort herausbringen, der Gedanke dazu, dass Ihr Vater Sie immer ausgelacht hat, wenn Sie Ihr Weihnachtsgedicht vorgetragen haben.

→ Übernehmen Sie Verantwortung für Ihr Schutzbedürfnis, indem Sie definieren, was Ihnen Schutz geben kann, und suchen Sie sich diesen Schutz.

→ Üben Sie, Ihre momentane Lebenssituation liebevoll anzunehmen, und erinnern Sie sich daran, dass Sie Ihre hohen Erwartungen an sich selbst jederzeit mildern können.

5

Sinnvolle Lösungen für Ärger

Alle inneren Bewegungen in Körper und Geist, die in uns unter der Überschrift Ärger ablaufen, sollten wir ausführlich, sehr differenziert und nicht bewertend wahrnehmen lernen. Das ist die Voraussetzung für einen heilsamen Umgang mit diesem Gefühl. Ärger ist eine Kraft, die akzeptiert werden möchte. Wie wir diese Kraft zum Wohl aller Beteiligten einsetzen, das muss unsere bewusste Entscheidung sein. Die buddhistische Lehre richtet die Aufmerksamkeit stets auf die ABSICHT VON VERHALTEN. »Was mache ich jetzt mit meinem Ärger? Wohin soll er führen? Möchte ich mit ihm verletzen oder klärend wirken?« Wenn es uns gelingt, die Begleiterscheinungen des Ärgers und seine Absichten zu erkennen, können wir viel ruhiger entscheiden, welcher Ausdruck unseres Ärgers tatsächlich angemessen ist. Es ist weder sinnvoll, Ärger zu vernachlässigen, noch ihn ungehemmt auszuschütten. Eine Möglichkeit, den Ärger besser zu verstehen, besteht darin, konstruktiven Ärger von verletzendem Ärger zu unterscheiden. Wir brauchen manchmal konstruktiven Ärger, um eine persönliche Grenze zu ziehen, um zu sagen: »Schluss jetzt – das reicht.« Dieser Ärger unterstützt unsere emotionale Durchsetzungskraft. Konstruktiver Ärger zielt auf die Lösung von Problemen und auf eine verbesserte Beziehung, er führt zusammen, wirkt eher nicht trennend. Ärger, der verletzen möchte, ist defensiv, bedeutet unreflektiert Dampf abzulassen, oft laut und gewalttätig. Er hinterlässt eine Spur der Zerstörung in Beziehungen und äußert sich im Hang zum DRAMA, zum Nähren von Geschichten. Es braucht viel innere Arbeit, um verantwortungsvoll seinen Ärger zu zeigen und das Drama beiseitezulassen.

ÄRGER AUSHALTEN LERNEN

Seine Wut zu spüren, ohne sie auszuagieren, ist eine große Leistung, die viel Übung braucht. Wütende Reaktionen bringen eine solche

Unterscheidung von Ärger und Drama

- Dass ein Drama abläuft, erkennen wir am Übergewicht der Geschichte, am ständigen Wiederholen der Ereignisse, die den Ärger hervorgerufen haben.

- Mit dem Drama schockieren und erschrecken wir uns selbst und unser Gegenüber, mit wahrem Ärger informieren wir und schaffen Aufmerksamkeit.

- Befinden wir uns im Drama, nehmen wir dem anderen die Stimme, empfinden wir wahren Ärger, möchten wir kommunizieren.

- Im Drama bestehen wir darauf, dass der andere sieht, dass wir im Recht sind (Rechthaberei), unser wahrer Ärger braucht keine Bestätigung von außen.

- Im Drama klammern wir uns an den Ärger, fressen ihn möglicherweise in uns hinein, und dann wird er zu Voreingenommenheit und Bitterkeit. Den wahren Ärger spüren wir kurz und kräftig, er wird benannt, losgelassen und ist damit beendet.

- Mit Drama schaffen wir Stress, wir halten fest und regen uns in Endloschleifen auf, mit wahrem Ärger bringen wir die eigene Lebendigkeit in Bewegung.

Schwungkraft mit sich, dass wir nur allzu leicht davon mitgerissen werden. Wir brauchen viel Achtsamkeit, um in dem Moment, wo der Ärger auftaucht, innezuhalten und erst einmal Gedanken und Gefühle zu erkunden. Wenn es uns gelingt, in einer ärgerlichen Situation die Aufmerksamkeit von unserem Gegenüber wegzunehmen und auf uns selbst zu lenken, können wir konstruktiver damit umgehen. Wir können nun den eigenen Schmerz fühlen und die Notwendigkeit erkennen, Mitgefühl für uns selbst und in ähnlichen Situationen für andere zu empfinden. Vielleicht ist es uns möglich, die Rachegedanken nicht weiter zu nähren. Vielleicht spüren wir aber auch, wie sich unser Herz verhärtet und wie weh uns das tut. Es ist schwierig und eine große Herausforderung, unsere zerstörerischen Gewohnheiten aufzugeben.

Doch wenn wir MITGEFÜHL FÜR UNS SELBST entwickeln, kann sich das wütende Denken an andere so im besten Fall in behutsame Aufmerksamkeit für uns selbst verwandeln. Wir achten dann mehr darauf, dass Frustration nicht nur Ärger, sondern auch Schmerz in uns auslöst.

Wenn wir genauer hinschauen, stellen wir fest, dass hinter unserem Ärger meist das Gefühl steckt, nicht liebenswert, unbedeutend, nicht anerkannt zu sein. Wenn wir uns fragen: »Was kränkt in dieser ärgerlichen Situation mein Selbstwertgefühl?«, verändert sie sich bereits in Richtung Neugier und Offenheit.

Ärger und Wut sind Gefühle, die meist in komplizierten Zusammenhängen stehen. Wir möchten uns selbst und unser Gegenüber respektieren, wir möchten unsere Gründe für den Ärger in uns abwägen und ausdrücken. Dabei gilt es eine MITTE zu finden zwischen Höflichkeit, Selbstdisziplin, Anerkennung der inneren Empfindung und notwendiger Selbstbehauptung.

Wir können lernen, wütende Gedankenreihen nicht fortzusetzen, Wut nicht durch Schreien, Rachepläne und Vorwürfe anzuheizen, sondern erst einmal tief durchzuatmen, eine Nacht drüber zu schlafen. Wir können lernen, mit unserer Wut zu verweilen, also über sie nachzudenken und sie so besser zu verstehen. Es wäre schön, wenn wir uns etwa in der Ehe versprechen, nicht ins Bett zu gehen, bevor wir einige versöhnliche Worte miteinander gesprochen haben, oder wegzugehen, bevor wir die Beherrschung verlieren. Und vielleicht gelingt es uns sogar, manche Situation humorvoll zu sehen.

Mitgefühl braucht keine Erklärung

Meine letzte Trennung nach zehnjähriger Beziehung habe ich als reines Desaster empfunden. All mein Wissen über Psychologie und buddhistische Methoden reichte nicht aus, um mich in meinem Herz-

Der Umgang mit Ärger

Wenn in Ihnen Ärger aufsteigt, nehmen Sie sich eine halbe Stunde Zeit mit Ihrem Notizbuch.

→ Nehmen Sie Ihren Ärger mit aller Achtsamkeit wahr. Unterscheiden Sie die Empfindungen im Körper von den Gedankenabläufen und den Geschichten, die sich zu den Empfindungen gesellen. Wenn Sie sich zum Beispiel über die giftige Bemerkung einer Kollegin ärgern, fühlen Sie den Stich im Herzen, den Ärger im Bauch und nehmen Sie die Gedanken wahr, die Sie immer wieder durchspielen – was Sie bei nächster Gelegenheit zu ihr sagen werden.

→ Fragen Sie sich, ob andere Gefühle hinter Ihrem Ärger stecken, zum Beispiel ob Sie sich dauernd mit Ihrer Kollegin vergleichen, Sie sich vielleicht minderwertig fühlen, weniger schön, weniger beachtet.

→ Überlegen Sie sich eine rücksichtsvolle, konstruktive Form, Ihren Ärger zum Ausdruck zu bringen: »Deine Bemerkung gestern hat noch lange in mir nachgewirkt. Das war schwierig für mich.«

→ Beachten Sie dabei Ihre Absicht: Möchten Sie informieren oder verletzen, die Beziehung zu Ihrem Gegenüber stärken oder nur Ihre Gefühle loswerden?

→ Bedenken Sie alle Aspekte der Person, auf die Sie ärgerlich sind. Sehen Sie auch die guten Seiten dieses Menschen, sein bestes Streben.

→ Machen Sie sich bewusst, dass gleichzeitig mit Ihnen viele andere Menschen auch unter ihrem eigenen Ärger leiden. Erkennen Sie, wie viel Leid durch dieses Gefühl ausgelöst werden kann und wie wichtig es deshalb ist, einen akzeptablen Umgang damit zu finden.

5

leid zu trösten. Ich stürzte in einen Abgrund von Verzweiflung wie nie zuvor in meinem Leben. Meine Freunde versuchten mich mitfühlend zu stärken mit ihrer Interpretation der Ereignisse. Doch die Bedeutung, die sie meinem Leiden geben wollten, hatte mit meiner Trennungserfahrung nichts zu tun. Ich fühlte mich selten verstanden in meiner Not, hatte auch selbst noch keine Erklärung für das Geschehene gefunden.

In unseren Versuchen, das Unerklärliche zu fassen, stülpen wir anderen nur allzu leicht unsere Sicht der Dinge über und lösen damit manchmal noch mehr Schmerz aus. Uns erschreckt die Nachricht, dass bei der besten Freundin Krebs diagnostiziert wurde. Wir können es nicht fassen und fragen: »Warum gerade sie?« Im nächsten Gespräch mit ihr sagen wir: »Vielleicht hast du Krebs bekommen, weil du nicht genügend zu deinen Gefühlen stehst?« In anderen Fällen wird spekuliert: »Du musstest diesen Unfall erleben, damit du das Leben neu wertschätzen kannst.« Solche und ähnliche Erklärungsversuche mögen zuweilen richtig sein, wirken aber auf den Leidenden abstoßend. Wenn wir dem Schmerz eines geliebten Menschen begegnen, liegt die Herausforderung darin, sich der eigenen Angst vor dem Schmerz zu stellen und ihn nicht wegdeuten zu wollen.

Weisheitsgeschichte

Der Maharaji von Damaskus war ein kluger und großzügiger Herrscher, der versuchte, junge Menschen in jeder Hinsicht zu fördern. An seinem Hof gab es einen hochbegabten jungen Mann, der ihm eines Tages, laut nach Hilfe rufend, aus dem Garten entgegengelaufen kam. »Was ist los?«, fragte der Maharaji. »Gebt mir ein Pferd, gebt mir Euer bestes Pferd. Ich muss noch heute nach Bagdad reiten«, rief der junge Mann. Begütigend nickte der Ältere: »Du sollst es haben. Sofort wird es dir gebracht. Aber sag mir doch, wofür du es brauchst.« Der junge Mann erzählte voller Aufregung: »Ich habe eben im Garten den Tod getroffen. Er hat die Arme nach mir ausgestreckt, und ich bin ihm knapp entflohen. Ich muss noch

heute nach Bagdad reisen, um meine Träume zu erfüllen, bevor es zu
spät ist.« Schon saß er auf dem Pferd und staubte davon.

Der Maharaji ging daraufhin nachdenklich in den Garten, traf dort den Tod
und fragte ihn: »Warum musstest du denn den jungen Mann so erschre-
cken?« »Ach«, sagte der Tod, »ich habe doch nur vor Verwunderung
meine Arme in die Luft geworfen. Ich habe gar nicht damit gerechnet,
ihn hier im Garten anzutreffen, denn wir haben heute Nacht eine Verab-
redung in Bagdad.«

Den Schmerz anderer wie den eigenen erleben

Als Freunde von mir vor vielen Jahren ihr einjähriges Kind verloren, fühlte ich mich selbst so hilflos, dass ich ihnen gar nicht in die Augen schauen konnte. Ich konnte nirgends Trost entdecken und wagte es auch nicht, mich auf ihren Schmerz wirklich einzulassen. Ich spürte zwar, dass Leidende ein weiches Mitempfinden brauchen, konnte mich aber selbst in dieser Situation nur zurückziehen und abschotten. Noch lange danach habe ich mich geschämt für mein Unvermögen, dabei konnte ich auch kein Mitgefühl für mich selbst empfinden. In-zwischen weiß ich, dass ich anderen nur das Mitgefühl geben kann, das ich mir selbst auch zubillige. Mitgefühl wird ebenbürtig erlebt, es kennt keine Rangunterschiede.

In der buddhistischen Psychologie wird zwischen MITLEID und MITGE-FÜHL unterschieden. Im Mitleid ist eine Ablehnung des Schmerzes enthalten. Mitleid sagt unbewusst: »Du Arme! Ich gebe dir etwas, da-mit ich deinen Schmerz schnell wieder vergessen kann«, und stellt sich innerlich über den Leidenden. Mitgefühl sagt: »Dein Schmerz ist auch mein Schmerz«, es verbindet Gleich und Gleich. Mitgefühl entscheidet nicht zwischen »Richtig« und »Falsch«. Mitgefühl hat nur ein Ziel: Leiden verringern. Wer die schwarze Nacht der Seele angenommen und durchlebt hat und wieder einen Silberstreif am Horizont erken-nen kann, fühlt sich mit Schicksalsgenossen verbunden. Wenn unser

5

Leid uns jedoch unangenehm ist, werden wir es bei anderen genauso abwehren wie bei uns selbst. Ein Nachbar erzählte mir, dass er seit seiner Ehetrennung depressiv sei. Er könne oft tagelang nicht aus dem Bett kommen und wüsste sich gar nicht mehr zu helfen. Etwas später ging es ihm offensichtlich wieder besser – er berichtete mir feixend von einem anderen Nachbarn, der aus Unglück über seine Scheidung nach einem Selbstmordversuch in die Psychiatrie eingeliefert worden war. In seinem Gesichtsausdruck schwang alles mit – nur kein Mitgefühl. Er zeigte mir damit so deutlich, wie wenig er sich selbst in seinen Depressionen hatte akzeptieren können. Wie hilfreich wäre es für ihn gewesen, wenn er sich mit seinem eigenen Schmerz mehr angefreundet hätte. Er könnte heute viel eher auf andere Menschen mitfühlend eingehen. Denn je mehr wir bereit sind, unseren eigenen Schmerz zu SPÜREN und ihn zu AKZEPTIEREN, je mehr wir uns unserem eigenen Leid mitfühlend zuwenden, umso besser gelingt es uns auch, das Leid von anderen zu lindern.

Mitgefühl üben

Es gibt viele gute Gründe, Mitgefühl zu üben. Wenn wir Mitgefühl in uns wachrufen, wird unser Zorn beschwichtigt. Denn wer Mitgefühl übt, ärgert sich nicht gleichzeitig. Mitgefühl bringt uns innere Ruhe, Einfühlungsvermögen und Verständnis. Wir bemerken vielleicht, dass ein Mensch, der uns mit seiner Unfreundlichkeit auf die Nerven geht, selbst nicht besonders glücklich ist. Vielleicht leidet er, vielleicht kann er sein eigenes Leid nicht annehmen und versucht es auf andere abzuwälzen. Eine gute Möglichkeit, in uns Mitgefühl zu aktivieren, ergibt sich, wenn wir uns diesen Menschen, der uns jetzt ärgert, in seiner liebenswürdigsten Art vorstellen. Wir können uns daran erinnern, was wir schon Gutes mit dieser Person erlebt haben, oder wir stellen uns vor, wie dieser Mensch im Kreis seiner besten Freunde sitzt und feiert, lacht, sich freut und strahlt. Diese Übung mache ich auch, wenn ich

Mitgefühl entwickeln

Zunächst üben wir Mitgefühl für Nahestehende. Wenn jemand in Ihrem Umfeld leidet, können Sie dieser Person mit dieser Übung gute Wünsche senden.

→ Nehmen Sie sich etwa 10 Minuten Zeit, nehmen Sie eine angenehme Haltung ein und versuchen Sie sich ganz auf die Person zu konzentrieren, der Sie gute Wünsche schicken möchten: »Möge Mark genügend Kraft finden, sein Leid zu tragen. Ich wünsche meinem Bruder, dass seine Schmerzen recht bald vorüber sind. Liebe Freundin, ich denke an dich und spüre in meinem Herzen, wie schwer du leidest.« Es kommt darauf an, dass Sie wahrhaftige Worte finden, Worte die Ihrem mitfühlenden Herzen entspringen.

→ Auch wenn Sie unterwegs sind, zu Fuß, im Auto, in öffentlichen Verkehrsmitteln – denken Sie ein paar Minuten ganz bewusst an Menschen, die Ihr Mitgefühl wachrufen: »Wie es meiner Mutter jetzt wohl gehen mag? Ob mein Neffe die schwierige Prüfung bestanden hat? Ich wünsche meiner Tochter allen Schutz, den sie braucht.«

→ Wenn Sie spüren, dass Mitgefühl sich in Ihrem Herzen regt, schauen Sie sich um. Sehen Sie Menschen, denen es offensichtlich nicht gut geht? Die alte Frau, die mit versteinertem Gesicht auf der Parkbank sitzt? Die Mutter, die vor Ihren Augen ständig an ihrem Kind herumzerrt und es beschimpft? Sie schauen nicht weg, und Sie müssen keine Lösung parat haben. Es geht einfach nur darum, dass Sie Ihr Herz weich und offen halten und die Furcht vor dem verlieren, was Sie sehen.

5

unterwegs bin an fremden Orten – wenn ich mir die Menschen vor meinem inneren Auge in ihren glücklichsten Momenten vorstelle, etwa wie sie mit ihren Liebsten Geburtstag feiern, fühle ich mich ihnen gleich näher.

Bestimmen Sie selbst, wie lange und wie oft Sie Mitgefühl üben. Achten Sie darauf, dass Sie sich dadurch nicht belasten und vom Leid überwältigt werden, denn dann haben Sie schon zu viel gemacht und brauchen erst einmal Zuwendung für sich selbst.

ÜBUNG

Mitgefühl für sich selbst wachrufen

→ Nehmen Sie sich eine halbe Stunde Zeit, lassen Sie sich nicht stören. Bereiten Sie sich einen geschützten Platz zum Wohlfühlen und Nachsinnen. Sie können dabei sitzen und die Augen schließen, Sie können sich auch Notizen machen.

→ Stellen Sie sich vor, dass Ihnen gegenüber der liebste, mitfühlendste Mensch der Welt sitzt. Geben Sie diesem Menschen alle Eigenschaften, die Ihnen wohltun. Sehen Sie seinen warmherzigen Blick, die vorbehaltlose Zuwendung.

→ Hören Sie Ihr Gegenüber sagen: »Mich berührt dein Schmerz.« Mit ruhigem, klarem Ton sagt Ihr Gegenüber wiederholt nur diesen einen Satz zu Ihnen.

→ Nehmen Sie wahr, was dadurch in Ihnen ausgelöst wird. Eine winzige homöopathische Dosis an Berührtsein in Ihrem eigenen Herzen reicht vollkommen.

→ Lassen Sie sich nicht von Ihrem eigenen Schmerz überwältigen. Üben Sie lieber häufig, mit kleinen Schritten, um ihr Herz offen zu halten.

→ Wenn in Ihnen zu viel Schmerz wachgerufen wurde, übergeben Sie ihn in Ihrer Vorstellung an das mitfühlende Gegenüber und sagen Sie dabei: »Nimm meinen Schmerz in deine Obhut, schenk mir jetzt deinen Schutz und Trost, damit ich gut verdauen kann, was ich soeben gesehen habe. Wenn ich mich stark genug fühle, rufe ich dich wieder herbei, denn ich möchte lernen, die Angst vor meinem eigenen Schmerz loszulassen und meinen Schmerz so anzunehmen, wie er ist.«

Freude besänftigt den widerwilligen Geist

Im Alltag erlebe ich immer wieder Phasen grundloser Freude. Letzten Mittwoch betrachtete ich die Fliege am Küchenfenster liebevoll als mein einziges Haustier, mit den Pflanzen im Garten führte ich lebhafte Gespräche, ich rührte einen Kuchenteig an, obwohl ich gar keine Zeit dafür hatte, nur um mir den guten Geruch in der Wohnung zu gönnen. Gerade als ich den Kuchen aus dem Ofen holte, rief eine Freundin aus dem Nachbardorf an und ließ sich von mir zum Kaffeetrinken einladen – es lief alles wie von selbst, ungeplant und perfekt zugleich. Wenn Achtsamkeit und Wertschätzung für die Details des gewöhnlichen Alltags so zusammenspielen, kann ein ganz normaler Mittwochnachmittag zum Festtag werden.

Vielleicht haben Sie schon bemerkt, dass die kontinuierliche Auseinandersetzung mit den Fünf Hindernissen zu WACHSENDEM VERSTEHEN führt und Sie besser mit der eigenen Lebenssituation umgehen können. Sie lernen mehr und mehr, sich daran zu erfreuen, das Wesentliche zu erkennen. Sie kehren in den gegenwärtigen Moment zurück und denken: »Besser könnte es doch gar nicht sein.« Diese kleinen Momente des Glücks beflügeln das sorgfältige Üben, das genaue Hinschauen. Ihre Zuversicht wächst. Die kleinen Dinge werden immer wertvoller, Momente des Innehaltens und Aufatmens bekommen einen Glanz, den Sie zuvor gar nicht wahrgenommen haben. FREUDE AM LEBEN ist das beste Heilmittel für den aversiven Geist. Dort, wo er sich wohlfühlen kann, schwindet die widerwillige Stimmung.

Freude wirkt ansteckend und heilt

Der griechische Philosoph Epikur schreibt: »Wir sind ein einziges Mal geboren; zweimal geboren zu werden ist nicht möglich; eine ganze Ewigkeit hindurch werden wir nicht mehr sein dürfen. Und da

5

schiebst du das, was Freude macht, auf, obwohl du nicht einmal Herr bist über das Morgen? Über dem Aufschieben schwindet das Leben dahin, und so mancher von uns stirbt, ohne sich jemals Muße gegönnt zu haben.«

Auch die buddhistische Lehre erinnert uns, Freude und Dankbarkeit bewusst zu pflegen. Ja, in den buddhistischen Schriften heißt es sogar, wenn Liebe keine Freude mit sich bringt, ist es keine wahre Liebe. Wenn sich jemand freut, springt der Funke auf uns über, vorausgesetzt, dass wir diesem Menschen gegenüber wohlwollend und offen sind. So verwandelt sich Übelwollen in Wohlwollen, und aus geteilter Freude wird doppelte Freude. Bei der letzten Fußballweltmeisterschaft haben wir das ausführlich miterlebt – die Freude der Spieler und Trainer über einen Tortreffer wollten wir uns in der Wiederholung immer wieder anschauen, so ansteckend wirkten die Bilder auf uns. War es nicht ganz gleich, wer sich freute? Wenn die Gegner glückstrahlende Freudentänze aufführen, verfliegt jegliche Abneigung leicht und schnell.

> Ich schlief und träumte, das Leben sei Freude.
> Ich erwachte und sah, das Leben ist Dienen.
> Ich handelte und merkte, Dienen ist Freude.

[Tagore | *indischer Dichter*]

Manchmal bitte ich Teilnehmer in meinen Gruppen zu erzählen, welche unerwarteten, kleinen Freuden sie kürzlich erfahren haben. Je mehr Geschichten wir anhören, desto vergnügter wird die Stimmung in der Gruppe. Eine Mutter erzählt: »Ich habe meine Tochter am Wochenende zum Essen eingeladen. Sie hat mich gelobt mit den Worten: ›Mama, du kochst wirklich am allerbesten.‹ Das hat mich so glücklich

gemacht!« Ein Großvater berichtet vom mitreißenden Lachen seiner
Enkeltochter. Er erzählt, dass er gar nicht genug davon bekommen
kann. Jemand in der Gruppe hat erlebt, dass ein Busfahrer extra noch
einmal anhielt, um einen Fahrgast aufzunehmen, der dem Bus hinter-
herrannte. So reihen sich winzige Momente von Freude aneinander
und bilden schließlich eine funkelnde Kette, bis alle vor Freude strah-
len. Wir sehen nämlich, wie einfach es ist, sich an den kleinen Dingen
des Alltags zu erfreuen, und wie leicht wir einander Freude bereiten
können. Eine wunderbare Art, den Tag zu beginnen, besteht darin,
sich zu fragen: »Wem kann ich heute eine kleine Freude machen?« Sie
könnten im Kino einfach einen Pralinenkasten herumreichen oder auf
den Treppenstufen Bonbons für die Nachbarskinder aufreihen. Oder
Sie schenken der Verkäuferin an der Kasse einfach ein freundliches
Lächeln.

Alle Menschen lieben ja die Freude in ihren verschiedenen Ausprägungen,
die Vorfreude auf ein Ereignis, den jubelnden Höhepunkt und die Erinnerung daran. Freude wächst manchmal bis zur Begeisterung, sie er-
hebt und BEFLÜGELT UNSEREN LEBENSGEIST. Freude bewegt
uns in winzigen Momenten, auch tagelang, Freude kann still oder eu-
phorisch sein, wir erleben sie heimlich ebenso wie im Kreis von vielen
Menschen. Freude verbreitet und vermehrt sich wie von selbst.

Um zu illustrieren, wie heilsam Freude wirken kann, erzählte Martin
Buber, der große jüdische Religionsphilosoph, die folgende Anekdote:
»Mein Großvater war gelähmt. Eines Tages bat man ihn, eine Geschichte über seinen Lehrer zu erzählen. Mein Großvater berichtete,
wie sein eigener Lehrer hin und her sprang, ja, sogar tanzte, wenn er
seine Gebete sprach. Mein Großvater richtete sich beim Erzählen auf
und wurde so mitgerissen von seinen Erinnerungen an den geliebten
Lehrer, dass er sich auf seine zwei Beine stellte und herumhopste, um
zu zeigen, wie sein Meister gebetet hatte. Seitdem ist mein Großvater
von der Lähmung geheilt.«

ÜBUNG

Loslassen macht Freude

Beim Trampolinspringen merke ich, wie viel Freude das Loslassen macht. In jedem Moment von Loslassen schwingt ein Stück Freiheit und Fliegen, ein Lachen aus Daseinsfreude. Beim Lesen und Durcharbeiten dieses Buches haben Sie wahrscheinlich bemerkt, dass der von Hindernissen beeinflusste Geist eine Menge Erwartungen und Vorstellungen darüber anstellt, wie das Leben sein sollte. Achtsamkeitspraxis schleift diese Vorstellungen ab. Wir erkennen in der Meditation, dass es uns wesentlich besser geht, wenn wir VORSTELLUNGEN LOSLASSEN, und erkennen, dass die Erfüllung nicht in der Perfektion liegt, sondern im Annehmen und Vergeben unserer alltäglichen Unvollkommenheit. Die Fünf Hindernisse loszulassen heißt Widerstände aufzugeben. Sobald wir erkennen, wie der Widerstand uns selbst schmerzt und behindert, interessieren wir uns für das gesunde Gegengewicht und lassen das Aufbegehren los. Denken Sie bei allen Hindernissen daran, wie viel freudiger und erfüllter Ihr Dasein ist, wenn Sie sich selbst nicht von Zweifeln, Unruhe, Trägheit, Verlangen und Widerwillen fesseln lassen.

Ursache und Wirkung

Abschließend möchte ich Ihnen noch einmal in einer Übersicht alle Fünf Hindernisse und ihr gesundes Gegengewicht aufzeigen – vielleicht machen Sie sich eine Kopie davon, die Sie an Ihre Pinnwand hängen –, zur Erinnerung an die Geisteseigenschaften, die Sie erkennen und üben möchten. So können Sie immer wieder kurz überprüfen, in welchem Zustand Sie sich vielleicht gerade befinden und welches Gegengewicht Ihnen jetzt guttäte.

	Beispiele im Alltag	Das gesunde Gegengewicht	Das Gegengewicht könnte sich zeigen als
1. Hindernis Zweifel	Unentschiedenheit, Unklarheit, Selbstzweifel	Vertrauen, Weisheit	Verstehen, Dranbleiben
2. Hindernis Unruhe	Stress, Ruhelosigkeit, Nervosität, Hetze, Getriebensein, Sorge, Aufregung	angenehmes Verweilen	Trost, Entspannung, Geduld
3. Hindernis Trägheit	Faulheit, innere Kündigung, Apathie, Gleichgültigkeit	Begeisterung	Zielstrebigkeit, Willenskraft, Durchhaltevermögen
4. Hindernis Verlangen	Sucht, Habgier, Machtlust, Leidenschaft	das Gleichgewicht wahren	Konzentration, Einfachheit, Wandel akzeptieren, Dankbarkeit
5. Hindernis Widerwille	Ärger, Trotz, Rigidität, Hass, Ablehnung	Loslassen	Freude, Vergebung, Mitgefühl, Akzeptanz, Großzügigkeit

5

Bücher & Adressen, die weiterhelfen

Bücher

Bärlocher, Dr. D., *Schmerzen lindern mit Focusing;* Trias

Chödrön, P., *Geh an die Orte, die du fürchtest;* Arbor

Gunaratana, M.H., *Die Praxis der Achtsamkeit;* Kristkeitz

Ingram, C., *Leidenschaftliche Präsenz, strahlendes Leben;* Goldmann

Kabat-Zinn, J., *Gesund durch Meditation. Das große Buch der Selbstheilung;* Arbor

Kabat-Zinn, J., *Zur Besinnung kommen. Die Weisheit der Sinne und der Sinn der Achtsamkeit in einer aus den Fugen geratenen Welt;* Arbor

Kornfield, J., *Frag den Buddha und geh den Weg des Herzens;* Ullstein

Levine, N., *Dharma Punk. Trips, Drogen und die Suche nach dem Sinn des Lebens;* Goldmann

Levine, S., *Schritte zum Erwachen – Meditation der Achtsamkeit;* Rohwolt

Mannschatz, M., *Meditation. Mehr Klarheit und innere Ruhe;* GRÄFE UND UNZER VERLAG

Mannschatz, M., *Lieben und Loslassen – Einführung in die Metta-Meditation;* Theseus

Maschwitz, G. und R., *Gemeinsam Stille entdecken;* Kösel

Renn, K., *Dein Körper sagt dir, wer du werden kannst;* Herder

Santorelli, S., *Zerbrochen und doch ganz. Die heilende Kraft der Achtsamkeit;* Arbor

Thera, N., *Geistestraining durch Achtsamkeit;* Beyerlein und Steinschulte

Weiser Cornell, A., *Focusing – Der Stimme des Körpers folgen;* Rohwolt

Adressen und Links Deutschland

Achtsamkeits-Training, Achtsamkeits-meditation und buddhistische Praxis

Deutsche Buddhistische Union, Amalienstr. 71, 80799 München, www.dharma.de

Zeitschrift der DBU, buddhismus aktuell, Amalienstr. 71, 80799 München, redaktion@dharma.de

MBSR-Verband (Mindfulness Based Stress Reduction, übersetzt: Stressbewältigung durch die Übung der Achtsamkeit), Muthesiusstr. 6, 12163 Berlin, www.mbsr-verband.org: *Adressen von MBSR Lehrern, die Achtsamkeitstraining unterrichten, in Deutschland, Österreich und der Schweiz*

Institut für Achtsamkeit, Kirchstr. 45, 50181 Bedburg, www.institut-fuer-achtsamkeit.de

Arbor Verlag, Verlagsbüro Freiburg, Zechenweg 4, 79111 Freiburg, www.arbor-Verlag.de: *bietet Liste von MBSR-LehrerInnen und Literatur zum Thema Achtsamkeit und Meditation*

DAF – Deutsches Ausbildungsinstitut für Focusing und Focusing-Therapie, Ludwigstr. 8 a, 97070 Würzburg, www.focusing-daf.de

Meditationsbedarf/ Sitzkissen/Sitzbänke

Bausinger GmbH, Hauptstr. 12, 72479 Straßberg-Kaiseringen, www.bausinger.de

klang&stille GmbH, Rosenauweg 22, 91346 Markt Wiesenttal, www.klang-stille.de

Meditationszentren

Benediktushof, Klosterstr. 10,
97292 Holzkirchen,
www.benediktushof-holz-
kirchen.de

Buddha-Haus, Uttenbühl 5,
87466 Oy-Mittelberg,
www.buddha-haus.de

Seminarhaus Engl, 84339
Unterdietfurt, www.semi-
narhaus-engl.de

Haus der Stille, Mühlenweg
20, 21514 Roseburg,
www.hausderstille.org

Kurse mit Marie Mann-
schatz: www.MarieMann-
schatz.de

Adressen und Links Österreich

Österreichische Buddhis-
tische Religionsgesellschaft,
Fleischmarkt 16, 1010 Wien,
www.buddhismus-austria.at

Buddhistisches Meditations-
Zentrum Scheibbs, Ginsel-
berg 12, 3270 Scheibbs/
Neustift, www.bzs.at

Ursache & Wirkung,
Buddhistische Zeitschrift,
Heinestr. 14/8, 1020 Wien,
www.ursache.at

Adressen und Links Schweiz

Schweizerische Buddhis-
tische Union, Kontakt:
Dr. Martin Kalff, Hinter-
zünen 8, 8702 Zollikon,
www.sbu.net, *Dachverband
der Buddhisten und buddhistischen Gemeinschaften in
der Sch*weiz

Meditationszentrum
Beatenberg, 3802 Waldegg-
Beatenberg, www.karuna.ch

MBSR Netzwerk Schweiz,
www.mbsr-netzwerk.ch

Register

Impressum

Ungekürzte Ausgabe 2010
2. Auflage 2010
Deutscher Taschenbuch
Verlag GmbH & Co. KG,
München

© 2007 GRÄFE UND
UNZER VERLAG GmbH,
München. Alle Rechte vorbehalten.

Innenlayout
Independent Medien-Design,
München, Claudia Fillmann
Satz und Gestaltung
Uhl + Massopust, Aalen

Repro
Longo AG, Bozen
Druck und Bindung
Firmengruppe APPL,
aprinta druck, Wemding

Umwelthinweis
Dieses Buch wurde auf säurefreiem, chlorfrei gebleichtem
Papier gedruckt.

ISBN
978-3-423-34587-3

Bildnachweis
Corbis: Seite 7, 55, 117; Jupiter
Images/Corbis: Seite 33; Michael Lange: Autorenporträt
innere Umschlagseite hinten;
Mauritius: Seite 91; photodisc:
Seite 73

Umschlagkonzept
Balk & Brumshagen